当代世界学术名著·经济学系列

经济增长的秘密

THE MYSTERY OF ECONOMIC GROWTH

埃尔赫南·赫尔普曼
（Elhanan Helpman）

著

王世华 吴筱

译

何帆

校

中国人民大学出版社
·北京·

"当代世界学术名著"
出版说明

中华民族历来有海纳百川的宽阔胸怀，她在创造灿烂文明的同时，不断吸纳整个人类文明的精华，滋养、壮大和发展自己。当前，全球化使得人类文明之间的相互交流和影响进一步加强，互动效应更为明显。以世界眼光和开放的视野，引介世界各国的优秀哲学社会科学的前沿成果，服务于我国的社会主义现代化建设，服务于我国的科教兴国战略，是新中国出版的优良传统，也是中国当代出版工作者的重要使命。

我社历来注重对国外哲学社会科学成果的译介工作，所出版的"经济科学译丛""工商管理经典译丛"等系列译丛受到社会广泛欢迎。这些译丛多侧重于西方经典性教材，本套丛书则旨在迻译国外当代学术名著。所谓"当代"，我们一般指近几十年发表的著作；所谓"名著"，是指这些著作在该领域产生巨大影响并被各类文献反复引用，成为研究者的必读著作。这套丛书拟按学科划分为若干个子系列，经过不断的筛选和积累，将成为当代的"汉译世界学术名著丛书"，成为读书人的精神殿堂。

由于所选著作距今时日较短，未经历史的充分洗练，加之判断标准的见仁见智，以及我们选择眼光的局限，这项工作肯定难以尽如人意。我们期待着海内外学界积极参与，并对我们的工作提出宝贵的意见和建议。我们深信，经过学界同仁和出版者的共同努力，这套丛书必将日臻完善。

中国人民大学出版社

2002 年 6 月

策划人语

经济学到了 20 世纪才真正进入一个群星璀璨的时代。在 20 世纪，经济学第一次有了一个相对完整的体系。这个体系包含了微观经济学和宏观经济学这两个主要的领域。经济学家们在这两个主要的领域不断地深耕密植，使得经济学的分析方法日益精细完美。经济学家们还在微观和宏观这两个主干之上发展出了许多经济学的分支，比如国际经济学、公共财政学、劳动经济学等。体系的确立奠定了经济学的范式，细致的分工带来了专业化的收益。这正是经济学能够以加速度迅猛发展的原因。

走进经济学的神殿，人们不禁生出高山仰止的感慨。年轻的学子顿时会感到英雄气短，在这个美轮美奂的殿堂里做一名工匠，付出自己一生的辛勤努力，哪怕只是为了完成窗棂上的雕花都是值得的。

然而，21 世纪悄然降临。经济学工匠向窗外望去，发现在更高的山冈上，已经矗立起一座更加富丽堂皇的神殿的脚手架。我们的选择在于：是继续在 20 世纪的经济学殿堂里雕梁画栋，还是到 21 世纪经济学的工地上添砖加瓦？

斯蒂格利茨教授，这位 21 世纪首位诺贝尔经济学奖得主曾经发表过一篇文章，题为《经济学的又一个世纪》。在这篇文章中他谈到，20 世纪的经济学患了"精神分裂症"，即微观经济学和宏观经济学的脱节，这种脱节既表现为研究方法上的难以沟通，又反映出二者在意识形态上的分歧和对立。21 世纪将是经济学分久必合的时代。一方面，宏观经济学正在寻找微观基础；另一方面，宏观经济学也正在试图从微观个体的行为推演出总量上的含义。这背后的意识形态的风气转变也值得我们注意。斯蒂格利茨教授曾经讲到，以下两种主张都无法正确估计市场经济的长期活力：一种是凯恩斯式的认为资本主义正在没落的悲观思想；另一种是里根经济学的社会达尔文主义，表达了对资本主义的盲目乐观。我们已经接近一种处于两者之间的哲学，它将为我们的时代指引方向。

21 世纪的经济学将从纸上谈兵转变为研究真实世界中的现象。炉火纯青的分析方法和对现实世界的敏锐感觉将成为经济学研究的核心所在。

"当代世界学术名著·经济学系列"所翻译的主要是 20 世纪和 21 世纪之交的经济学著作。这些著作在学术演进过程中起到的更多是传承的作用。它们是 20 世纪经济学的集大成者，也是 21 世纪经济学的开路先锋。这些著作的作者大多有一个共同的特征。他们不仅是当代最优秀的经济学家，而且是最好的导师。他们善于传授知识，善于开拓新的前沿，更善于指引遥远的旷野中的方向。如果不惮"以偏概全"的指责，我们可以大致举出 21 世纪经济学的若干演进方向：博弈论将几乎全面地改写经济学；宏观经济学将日益动态化；政治经济分析尝试用经济学的逻辑对复杂的政策决策过程有一个清晰的把握；经济学的各个分支将"枝枝相覆盖，叶叶相交通"；平等、道德等伦理学的讨论也将重新在经济学领域焕发活力。

介绍这些著作并不仅仅是为了追踪国外经济学的前沿。追赶者易于蜕变成追随者，盲目的追随易于失去自己的方向。经济学是济世之学，它必将回归现实。对重大现实问题的研究更有可能做出突破性的创新，坚持终极关怀的学者更有可能成长为一代宗师。中国正在全方位地融入世界经济，中国的国内经济发展也到了关键的阶段。我们推出这套丛书，并不是出于赶超的豪言或是追星的时髦，我们的立足点是，在世纪之交，经济学的发展也正处于一个关键的阶段，这个阶段的思想最为活跃，最为开放。这恰恰契合了中国的当前境况。我们借鉴的不仅仅是别人已经成型的理论，我们想要从中体会的正是这种思想的活跃和开放。

这套丛书的出版是一项长期的工作，中国社会科学院、中国人民大学、北京大学、南京大学、南开大学、复旦大学、中山大学以及留学海外的许多专家、学者参与了这套译丛的推荐、翻译工作，这套译丛的选题是开放式的，我们真诚地欢迎经济学界的专家、学者在关注这套丛书的同时，能给予它更多的支持，把优秀的经济学学术著作推荐给我们。

推荐序

赫尔普曼是哈佛大学经济系教授，国际贸易、经济增长和政治经济分析等领域的开创者和领军人物。赫尔普曼教授是出生在苏联的犹太人，后来到了以色列。他在以色列的特拉维夫大学度过了他的本科和硕士时光，并于1974年获得了哈佛大学的博士学位。毕业之后，赫尔普曼先回以色列教书，1997年任哈佛大学教授至今。

赫尔普曼教授的主要学术著作包括：《全球经济中的创新与增长》*（和格罗斯曼合作）、《利益集团与贸易政策》**（和格罗斯曼合作）、《市场结构和对外贸易》（和克鲁格曼合作）、《贸易政策和市场结构》（和克鲁格曼合作）、《特殊利益政治》（和格罗斯曼合作），以及这本《经济增长的秘密》。在国际经济学领域有著名的"三个man"，就是指克鲁格曼（Krugman），赫尔普曼（Helpman）和格罗斯曼（Grossman）。这三个人风格迥异：克鲁格曼才华横溢、锋

　＊　中文版已由中国人民大学出版社出版。
　＊＊　中文版已由中国人民大学出版社出版。

芒毕露、咄咄逼人。格罗斯曼一方面关注基础性的研究，另一方面对诸如贸易对环境的影响、产业外包等现实问题也饶有兴趣。赫尔普曼则更为严谨，课堂上讲课一板一眼，绝少有题外话；办公室里纤尘不染，连桌子上的工作论文都码得整整齐齐，绝不乱了秩序；他的学术研究正如其人，对所涉猎的领域往往都深挖三尺，把前人混乱的研究成果整理得有条有理。在方法的精妙和问题的创新方面，国际经济学界向来不缺怪才，比如贸易和政治的关系这一课题，对所谓的寻租理论、内生关税理论，学者的研究并不少，但是都停留在边缘的位置，思想深刻的理论往往缺少严密的模型，数理复杂的理论又失去了思想的趣味。直到赫尔普曼进入这一领域，以前那些片段才被整合成一个恢宏的体系。

《经济增长的秘密》是赫尔普曼教授 2004 年的著作。这本薄薄的小册子回顾了经济增长理论的起源和发展，以及未来的发展方向。正如作者所说的，从亚当·斯密时期经济学家就开始对经济增长问题着迷，但是一直到现在为止，经济学家仍然难以回答以下问题：为什么经济会出现持续的增长？为什么有的国家经济增长较快，有的国家较慢甚至会停滞、倒退？对经济学家来说，经济增长仍然是一个秘密。

这本书侧重介绍的是经济增长理论在过去 20 多年的进展。作者试图告诉我们：关于经济增长，经济学家知道什么，不知道什么以及还需要再学习什么。此书的结构异常明晰。在第 1 章作者对经济增长的一些特征事实进行了介绍。在第 2 章作者介绍的是传统的索洛模型。索洛模型强调经济增长来自资本积累，但是作者在第 3 章提到的对经济增长来源的经验分析揭示出，增长主要来源于全要素生产率的提高，而非资本积累。正是对索洛模型的质疑和修正揭开了"新经济增长理论"革命的序幕。从第 4 章到第 7 章，赫尔普曼分别探讨了影响经济增长的四个"I"：innovation（创新，即技术对经济增长的影响）、interdependence（相互依赖，即国际贸易对经济增长的影响）、inequality（不平等，即收入分配对经济增长的影响）和 institution（制度，即政治和社会因素对经济增长的影响）。

赫尔普曼首先介绍了经济增长的特征事实（stylized fact）。当经济学家关注增长的时候，他们最感兴趣的是两个现象：第一，为什么会出现持续的经济增长？现在的人们大多已经把经济增长和生活水平的提高视为天经地义的事情，但是，持续的经济增长是最近数个世纪才刚刚开始出现的新现象，在人类绝大多数历史时期，经济和社会的发展是在兴衰交替中轮回的，甚至可能出现漫长的倒退。第二，为什么各国经济增长的绩效差异如此之大？仅仅从第二次世界大战之后的这段历史就可以看到，有的经济体如"亚洲四小龙"从 20 世纪 60 年代开始实现经济起飞，缩小了和发达国家的差距，但是大多数非洲国家远远地落在增长的列车后面，富国和穷国的差距反而在拉大。

传统的经济增长理论无法回答这些问题。最经典的增长理论是索洛模型。在索洛模型中，增长来自资本积累。所谓的资本包括了物质资本和人力资本。按照索洛模型的推理，长期内人均收入的增长率会逐渐趋同于技术进步的速度。索洛模型还指出，增长率会随着资本密集度的变化而变化。当一国的资本密集度上升的时候，增长率会逐渐放慢，而当其资本密集度下降的时候，一国的增长率将逐渐上升。这意味着跑在前面的选手会逐渐慢下来，而落在后面的选手会赶上来，最后所有的运动员同时到达终点！这就是经济增长理论中的"趋同假说"。遗憾的是，在现实中我们并未看到这一趋势，穷国和富国的差距不仅没有缩小，反而还在扩大。针对现实和理论之间的矛盾，很多学者试图增加其他的限制条件，以便使索洛模型的解释力提高。比如，索洛模型中没有考虑到各国的储蓄率、人口增长率存在差异，这将导致各国有不同的长期的资本劳动比率。巴罗和萨拉-伊-马丁提出了"条件趋同"，就是说在控制了这些变量之后，索洛模型基本上还是站得住脚的。曼昆、罗默和韦尔（Mankiw, Romer and Weil，1992）的研究就遵循了这一思路，他们认为索洛模型的解释力还是很强的。赫尔普曼并不同意这一观点。他指出技术进步和资本积累是相互作用的。技术进步提高了资本的生产率，因此刺激了资本积累。如果没有注意到技术进步和投资之间的相关关系，经济学家会错误地把资本积累当作经济增长的来源。

经济学家为了找出经济增长的来源，做了很多经验研究。这类文献被称为对经济增长的核算。索洛自己在这方面做出了先驱性的研究，他的结论是：全要素生产率的提高能够解释经济增长的80%。荣誉不应该归于资本积累，全要素生产率的提高才带来了经济增长，而技术进步带来了全要素生产率的提高，所以技术进步才是经济增长的终极根源。乔根森和伊普对多国的数据进行了仔细的研究，他们发现，接近50%的日本产出增长以及超过40%的德国和意大利的产出增长可归因于全要素生产率增长，尽管这一估计低于索洛发现的80%，但是基本的结论仍然证明全要素生产率的增长带来了经济增长。

如果全要素生产率是经济增长的终极根源，那么经济增长理论就不应该关注投入的积累，而应该关注技术进步。新经济增长理论改变了经济增长理论的方向。

经济学家津津乐道的不再是资本积累，而是技术进步和创新。

新经济增长理论的创始人是保罗·罗默和罗伯特·卢卡斯。在罗默的第一代模型中，知识的积累是在资本积累过程中被动产生的。卢卡斯关注的是人力资本积累中的外部性。以罗默的第二代模型为起点，经济学家才开始从正面直接研究知识的积累。创新能够为创新者提供利润，只要利润超过了研发的成本，企业就会做出对创新的投资。但是，创新也会产生溢出效应，后一代创新者会从前一代创新者的努力中受惠。只要创新带来的溢出效应足够大，经济增长就可以自我维持。赫尔普曼尤其强调，创新的过程是一种"创造性的毁灭"，高质量的产品夺取了旧的、低质量的产品的市场份额，因此经济增长的常态是非均衡。正是由于知识的积累带来了外部性，这产生了递增的收益，因此抵消了投入积累中宿命的边际收益递减。但是，新的困惑出现了。按照这种推断，一个经济体的规模越大，经济增长的速度越快。经济增长不再是"趋同"，而是马太福音里面说的"富者越富，穷者越穷"！庆幸的是，大多数经验研究并未发现所谓的规模经济。知识的创新可能也不总是收益递增的，而且正如琼斯的研究所指出的，创新带来了繁多的商品种类，这种多样性可能会冲淡创新可能带来的垄断利润和规模经济。

传统的经济增长只研究一国的兴衰。赫尔普曼和格罗斯曼等人关于贸易和增长的研究证明，各国的经济增长是相互依存的。贸易对创新和全要素生产率的影响渠道包括市场规模扩大、减少重复的竞争、知识共享等。这些都能刺激创新。但是，贸易带来的竞争的加剧，以及贸易和 FDI 带来的要素价格的变化可能会对创新不利。所以，一国对外开放之后是否就能促进经济增长仍然是未知数。尽管很多跨国的回归分析发现贸易和增长之间有正的相关关系，但我们不能证明这种关系在所有的国家都存在，即使我们能够证明这种正向的相关关系，那也存在这个问题：究竟是哪种渠道使得贸易促进了增长？我们仍然无法知道。所以，我们必须慎重对待所谓贸易和增长的经验研究结果，是否在这种模糊而不可信的研究基础上急急忙忙地推出开放的政策，更是要三思而后行。根据赫尔普曼自己的判断，我们只能大约知道：在大多数情况下，贸易对增长是有促进作用的。贸易保护主义曾经在19世纪末期推动了经济增长，但是其效果在二战之后已经式微。富国的研发通过溢出效应会给穷国带来好处，但是富国从创新中得到的收益大于穷国，所以创新会扩大贫富差距。

赫尔普曼接着考察了不平等和经济增长的关系。卜圭农和莫里松的研究表明，从1820年到1992年间，世界范围内收入分配的不平等程度在上升。收入分配如何影响经济增长？同贸易和增长的关系一样，收入分配和经济增长的关系也是不确定的。如果高收入者的边际储蓄倾向可能大于低收入者的边际储蓄倾向，那么收入不平等会增加储蓄和投资，并促进经济增长。但是，如果考虑到信用约束，那么穷人的投资项目无法获得融资，因此收入越不平等，总的投资额越少，经济增长越慢。此外，收入不平等将导致再分配，选民会要求"劫富济贫"的政策，而这类政策往往会葬送经济增长。赫尔普曼认为，总体来说，收入分配不平等对经济增长是不利的，但究竟是通过何种渠道妨碍了经济增长，我们仍然不得而知。不过，经济学家对经济增长对贫困的影响倒是更有自信。经济增长可能会减轻也可能会加剧贫富不均，但是快速的经济增长是减轻贫困的最直接也是最有效的办法。

赫尔普曼还讨论了制度对经济增长的影响，这使得他的书在经济增长理论中多少有些异端。经济学家长期以来对所谓的政治因素、社会因素、文化因素等也是敬而远之的。不是因为这些问题不重要，而是经济学家搞不清楚这其中的机制。赫尔普曼的逻辑是，既然创新是导致经济增长的根源，那么为什么有的国家更容易创新、更容易接受和学习创新，有的国家却顽固僵化呢？制度的差异可能是回答这个问题的关键。制度可以被定义为规则、信念和组织的组合。制度可以保护创新，也可以保护既得利益，扼杀潜在的创新。好的制度必须能够保障法律和合同的执行，并限制政府的干预。赫尔普曼介绍了诺思和格雷夫对制度的研究，格拉泽和施莱弗对法律来源的研究，以及阿西莫格鲁、约翰逊和罗宾逊等对殖民地的研究。这些研究有助于我们理解不同的制度是如何起源并起作用的。初始条件和环境会影响到制度的选择，而制度会影响到人们的行为。坦率地说，制度对经济增长的影响是最难以解释的。技术进步对经济增长的促进作用不容忽视，既得利益集团对经济增长的侵蚀作用也同样不容忽视。既得利益集团为了一己的私利而践踏创新是很容易理解的，但是在什么条件下，才能产生出那种有利于创新的好的制度呢？赫尔普曼承认，我们对制度的研究才刚刚开始。只有更好地理解制度和经济增长的关系，我们才能最终揭开经济增长之谜，才能够使得经济学家在提出政策的时候少犯一些错误。

　　尽管这是一本篇幅不大的小册子，但是内容之丰富令人叹为观止。书后200多条参考文献几乎囊括了经济增长理论的重要文献，可以方便读者进一步研究。作者还提供了一个长长的术语表，对书中出现的经济学术语一一做了解释。全书几乎一个公式也没有出现，基本上是用文字表述思想。但是，坦率地说，本书并不是一本增长理论的入门读物。阅读本书的读者应该对经济增长的理论演进和历史发展有基本的了解。赫尔普曼惜墨如金，文笔精练，但平铺直叙，毫无渲染，很多精妙的地方，如果没有对经济增长理论和经济计量学方法的理解，是无法体会出来的。因此，我建议本书的读者，如果有可能的话再补充阅读有关经济增长历史和理论的著作。兰德斯的《国富国穷》、罗森伯格（Rosenberg）和伯泽尔（Birdzell）的《西方如何致富》都提供了很好的历史背景介绍，而伊斯特利从一个政策顾问的角度，在《在增长的迷雾中探索》一书中回顾了经济学家基于错误的经济增长理论提出的种种错误的政策建议，这些著作恰好可以作为赫尔普曼的这本《经济增长的秘密》的补充阅读。

何　帆

序　言

几个世纪以来，经济学家一直在关注国家的增长问题。从亚当·斯密的时代起，他们就在不断地研究这一主题。但事实证明这一主题难以捉摸，许多经济增长之谜仍有待探索。

最近的两波研究热潮改变了我们对这一主题的有关看法。第一波研究热潮始于 20 世纪 50 年代中期，一直持续到 20 世纪 70 年代早期。第二波研究热潮始于 20 世纪 80 年代中期，一直持续到今天。每一波研究热潮都导致学者对增长理论和经验研究做出了较大的改进。我作为一名研究者参与了第二波研究热潮，并紧紧跟踪其研究的最新进展。这本薄薄的小册子简要描述了我以前的所学。

本书对增长经济学做了非技术性的描述，以便获得有关以下方面的简要结论：我们知道什么？我们不知道什么？为了提高我们对在主要方面影响全球几十亿人的福利这样一个主题的理解，我们需要学习什么？但写作本书的本意并非把本书写成一个文献概览。本书提出了我的个人观点和评价，并反映了我的个人偏见。

我觉得把这些研究成果呈现给广泛的读者群体是重要的，这个群体不仅包括擅长技术分析的经济学家，也包括其他经济学家、不属于经济学家的社会学家、政策制定者以及其他感兴趣的读者。这一主题不仅重要，也在智力上引起了人们的兴趣，使人沉湎于其中。

包括了理论和经验研究的科学文献非常多。从这些研究中提取重要信息，并且用简易的语言加以归纳和解释，则正是我试图做的。

我对增长经济学的叙述围绕四个主题展开。第一，物资和人力资本的积累是重要的，但它仅解释了导致各国人均收入和人均收入增长率差别的部分原因。技术和制度因素也影响这些资本投入的积累速度，在某种意义上它们是更为基本的因素。第二，全要素生产率（total factor productivity，TFP）的重要性不次于积累。（对于全要素生产率和其他经济术语的简要解释，参见术语表。）为理解全要素生产率的决定因素，我们需要理解什么因素促进知识的积累，特别是什么因素提供了对知识创造的激励。这自然地导致了我们去探求下列因素的影响：研究和开发、干中学、外部性，以及报酬递增；同时也导致我们去考察鼓励或者不鼓励知识创造的制度因素。第三，因为知识跨国流动，国际贸易和投资影响对创新、模仿和使用新技术的激励，各国的增长率相互依赖。第四，经济和政治制度影响对积累和创新的激励，它们也影响国家的应对能力。

最近涌现出的有关制度和政治对经济增长影响的大量研究明确地显示出这些社会结构要素的重要性。但是到目前为止，我们对这些影响渠道的理解仍赶不上本书中所讨论的有关其他人士。假如我是在五年后写现在这本书，大部分内容应该会保持不变，但有关制度和政治的这一章除外，因为我相信五年后在制度和政治研究领域将取得较大的进步。

　　因为本书不是一个概览，所以我在叙述中忽略了某几个话题。其中重要的是内生的人口增长。然而，忽略一个话题并不意味着我认为这一话题不重要，而是意味着——基于我对文献的理解——我不能逻辑连贯地把这一话题插入我的叙述中。这部分反映了我对有关知识的缺乏，并反映了我与其他学者的不同观点。对于研究我所忽略了的话题的读者，我表示歉意。

　　我幸运地成为加拿大经济增长规划高级研究所（CIAR）的一名成员，这个独特的加拿大研究机构使我有机会在一个较长的时期内研究经济增长，在此过程中有幸与一些世界上最著名的学者交流切磋。参与这些规划对我来说是一种智力上的享受，在此，真学识伴随友谊与热情得到了体现。弗雷泽·马斯塔德（Fraser Mustard），CIAR 的创立者，是一个充满想象力和坚信思想力量的人。他率先支持我们采用非传统方法研究经济增长，这成为我们的第一个研究计划得以开展的关键。另外，感谢国家科学基金对我的研究的支持。

目　录

第1章 背　景

什么因素使得一些国家富裕而其他国家贫穷呢？自亚当·斯密的时代开始，经济学家一直在问这一问题。然而，在过了 200 多年以后，人们仍然没有找到经济增长的秘密。

各国的生活水平差别很大。生活水平变化的速度也同样差别很大。一些国家快速地变得富裕起来，其他国家发展的速度则较慢。在一些最穷的国家，生活水平甚至随着时间的推移下降了。

经济学家使用真实人均收入来度量人们的福利状况。显然，人们关心收入，但他们也关心其他方面，例如政治自由、教育、健康、环境、所处社会的不平等程度。由于这一原因，对生活水平恰到好处的度量必须考虑许多因素，但大部分因素难以度量。更为困难的是决定为每一因素赋予多大的权重。结果，人均真实收入通常被用来作为对一国生活水平的大致度量。[1]

现今各国人均收入的差距比之前扩大了。19 世纪以前，各国人均收入差距逐渐缩小，但伴随着工业革命，各国人均收入差距开始扩大，在最近的 100 年中，各国人均收入差距拉得最大。[2] 另外，尽管富裕国家人均收入的差距在第二次世界大战后下降了，但富裕和贫穷国家间的不平等扩大了。同时，中等收入国家的数量减少了。我们现在有一个两极分化的经济俱乐部：一极富裕，另一极贫穷。[3]

图 1-1 描述了在一个样本中一些国家的人均收入情况。[4] 它揭示了在 1996 年各国人均实际国民生产总值间所存在的差异。在那一年，加拿大的人均收入是阿根廷的 2 倍多，高出巴基斯坦约 13 倍。加拿大和许多非洲国家的差距更大。例如，加拿大的人均收入高出莫桑比克约 43 倍。加拿大并不是 1996 年最富裕的国家，所存在的这一差距令人难以想象。

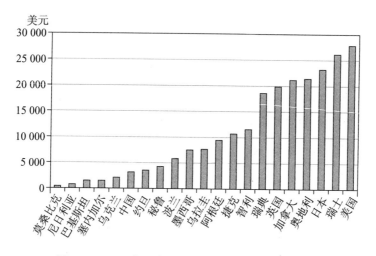

图 1-1　1996 年一些国家的人均真实国民生产总值

资料来源：Summers and Heston，PWT5.6.

图 1-2 显示了收入不平等的另一种度量方法。它描绘了 1992 年 13 个国家的真实人均收入，美国为其中之一。图 1-2 也显示了 1870 年以来美国真实人均收入的演变。从图中我们能找出，在哪一

年美国就达到其余各国 1992 年的收入水平。根据这些数据，1992 年
阿根廷的人均收入与美国第二次世界大战前后的人均收入相当。而
1992 年巴基斯坦的人均收入低于美国 1870 年的人均收入。像这样长
时期的落后意味着，阿根廷和巴基斯坦要赶上美国现在的生活水平
需要花费很多年。

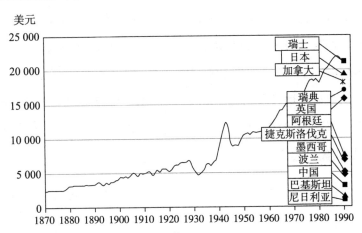

图 1 - 2　1992 年一些国家的真实人均国民生产总值，

与美国的历史记录相比较

资料来源：Maddison（1995）.

　　经济增长由真实人均收入的变化率来度量，年增长率为 1％的国
家每 70 年其生活水平提高一倍，而年增长率为 3％的国家每 25 年其
生活水平就提高一倍。可见，增长率的持续差异会导致生活水平的
显著差异。

　　实际上，各国的增长率差别很大。图 1 - 3 总结了 104 个经济体
在 1960 年至 1990 年的 30 年中增长率的频率分布。[5] 我把这 30 年
分为两个时期：一个时期为从 1960 年至 1973 年石油危机发生前，
即 1960—1972 年；另一个为石油危机以后的时期，即 1974—1990

年。图1-3显示，与石油危机后的时期相比较，较多的经济体在石油危机前的时期经历了更高的增长率。在第一个时期，没有哪个经济体的人均收入下降速度年均超过4%，仅有1个国家（布隆迪）的人均收入的平均下降速度为3%~4%。然而，在第二个时期，1个国家（尼加拉瓜）的下降速度超过4%，4个国家的下降速度为3%~4%。更为普遍的是，在后一时期，较多的经济体增长率低于2%，而在前一时期，较多的经济体增长率高于2%。在前一时期，所有104个经济体增长率的简单算术平均数为3.0%，而在后一时期下降为1.1%。此外，增长率的变异系数——为每一经济体赋予相等的权重计算——从前一时期的0.733增加到后一时期的2.091。[6] 增长率的差异明显扩大了。

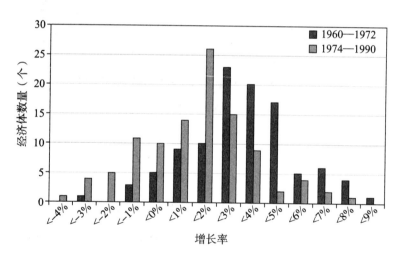

图1-3 104个经济体真实人均GDP的年均增长率

资料来源：Summers and Heston, PWT5.6.

尽管石油危机以后的时期负的增长也打击了样本中21个最富裕的经济体，但是其平均增长率的下降幅度较小，没有出现收入差距的扩大。[7] 图1-4描述了这些经济体的增长率的频率分布。它们的平均增长率从年均4%下降到年均2%，但在每一时期它高于104个经济体的大样本的平均增长率（在两个时期分别为3.0%和1.1%）。富裕经济体的平均增长率下降为原来的1/2，而大样本经济体的平均增长率下降为原来的1/3。最后，富裕经济体增长率的变异系数在两个时期都为0.35，而大样本经济体增长率的变异系数增加了约2倍（从0.733到2.091）。

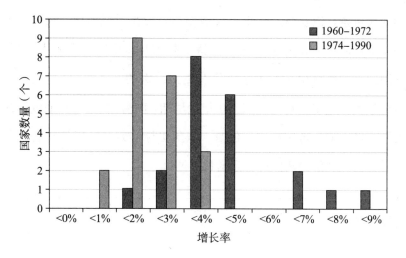

图1-4 21个经合组织国家真实人均GDP的年均增长率

资料来源：Summers and Heston，PWT5.6.

富裕经济体和贫穷经济体间的一个重要差别在于，即使在石油危机导致世界经济增长放慢以后，也没有哪个富裕经济体经历了长期的人均收入下降。而在更大的样本中的贫穷经济体的状况则不同。图1-3显示，在石油危机前仅有9个经济体出现负的增长率，而在石油危机后出现负的增长率的经济体数量增加到32个，其中包括安哥拉、乍得、海地、马里和索马里，这些国家的生活水平以惊人的速度恶化了。[8]

尽管有波动，但是第二次世界大战后的时期已成为经济非凡增长的时期。麦迪逊（Maddison，2001）对时间跨度最大的一般时期的经济增长做了估计。他对世界经济人均收入平均增长率的估计显示在图 1-5 中。这些数据表明，从中世纪到工业革命时期的经济增长微乎其微，从 19 世纪开始才真正地加速。从 19 世纪早期阶段到第一次世界大战，增长显著加速。第一次世界大战、两次世界大战间的大萧条，以及第二次世界大战使增长放慢。但即使在这些剧变的年份，从历史水平看，依然保持了高增长。第二次世界大战后，各国迎来了经济增长的黄金年代及史无前例的经济快速扩张期。[9]黄金年代一直持续到 20 世纪 70 年代早期，随着 1973 年石油危机的爆发，经济增长再次放缓。但是，依历史标准判断，即使在石油危机后，世界经济仍然保持了高增长。

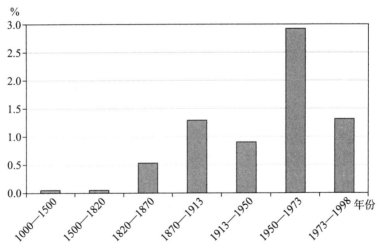

图 1-5 世界平均的人均收入增长率

资料来源：Maddison（2002）．

总之，自从第二次世界大战以来，人均收入增长显著，达到了历史水平的高峰。然而，增长率不平稳，并且富裕和贫穷国家间人均收入的不平等加剧了。为理解这些发展，我们需要识别出趋同的力量以及趋异的力量，趋同的力量促使低人均收入国家赶上富裕国家，趋异的力量促使富裕国家突然加速前进，进而远远地走在贫穷国家前面。此外，我们也需要理解为什么人均收入总体上增长了，并且在最近的几十年中加速增长。

【注释】

[1] 美国的人类发展指数（Human Development Index）是一个综合度量指标，包括对健康、教育和收入的度量。它赋予了每一因素相等的权重。在这种度量方法中，构造了对收入的度量，然而，这种方法使得人类发展指数的上升相应地小于实际收入。

[2] 麦迪逊（2001）认为，在公元 1000 年，非洲、日本和亚洲（不包括日本）的真实人均 GDP 水平高于西欧，但差距不是非常大，分别为 4%、略大于 6%、12.5%。相反，1998 年西欧的人均 GDP 约高出非洲 13 倍，约高出亚洲（不包括日本）6 倍。西方分支国家（澳大利亚、新西兰、加拿大和美国）的人均 GDP 高出非洲 20 倍，高出亚洲（不包括日本）8 倍多（参见 Maddison，Table 3.1b）。

[3] 参见 Durlauf and Quah（1999）。他们计算了 105 个国家的样本在 1961 年至 1988 年间从 t 年到 $t+15$ 年人均收入的转变概率。由此产生的动态显示出一种双峰性质。高收入国家有较高的概率仍然是高收入国家，低收入国家也有较高的概率仍然是低收入国家。然而，与维持原有地位相比，一个中等收入国家有更高的概率变成一个低收入国家或者高收入国家。根据此转变概率的结构，人均收入分布随时间的推移趋于两极模式：一极是富裕国家，另一极是贫穷国家。琼斯（Jones，1997）在其文章的图 1 中揭示出，在一个包括许多国家的大

样本中，劳动者人均 GDP 的分布从 1960 年的单峰分布转变为 1988 年的双峰分布。琼斯写道："在收入分布的顶端存在某种趋同或'追上高收入水平'现象，而在底端存在某种趋异现象。"

[4] 图 1-1 来源于 Summers and Heston，PWT5.6，即 Robert Summers and Alan Heston，the Penn World Table，version 5.6。也可参见他们（1991）对这些数据的一个更早的版本的描述。

[5] 图中的国家和地区按所处的大陆划分，包括：阿尔及利亚，贝宁，布基纳法索，布隆迪，喀麦隆，佛得角群岛，中非共和国，乍得，科摩罗，刚果，埃及，加蓬，冈比亚，加纳，几内亚，几内亚比绍，象牙海岸，肯尼亚，莱索托，马达加斯加岛，马拉维，马里，毛里塔尼亚，毛里求斯，摩洛哥，莫桑比克，纳米比亚，尼日利亚，卢旺达，塞内加尔，塞舌尔，南非，多哥，突尼斯，乌干达，赞比亚，津巴布韦；加拿大，哥斯达黎加，多米尼加共和国，圣萨尔瓦多，危地马拉，洪都拉斯，牙买加，墨西哥，尼加拉瓜，巴拿马，特立尼达和多巴哥，美国；阿根廷，玻利维亚，巴西，智利，哥伦比亚，厄瓜多尔，圭亚那，巴拉圭，秘鲁，乌拉圭，委内瑞拉；孟加拉国，中国，中国香港，印度，印度尼西亚，伊朗，以色列，日本，约旦，韩国，马来西亚，巴基斯坦，菲律宾，新加坡，斯里兰卡，叙利亚，中国台湾，泰国；奥地利，比利时，塞浦路斯，捷克斯洛伐克，丹麦，芬兰，法国，联邦德国，希腊，冰岛，爱尔兰，意大利，卢森堡，荷兰，挪威，葡萄牙，西班牙，瑞典，瑞士，土耳其，英国，南斯拉夫；澳大利亚，斐济，新西兰，巴布亚新几内亚。

[6] 变异系数为对离差的一个统计度量，较高的系数表示较大的离差。

[7] 这 21 个富裕经济体为 104 个经济体的大样本中的一部分。它们是：加拿大、美国、日本、奥地利、比利时、丹麦、芬兰、法国、联邦德国、希腊、爱尔兰、意大利、荷兰、挪威、葡萄牙、西班牙、瑞典、瑞士、英国、澳大利亚、新西兰。

[8] 这些国家的经济恶化大部分是因为国内战争以及国内制度的崩溃。

[9] 考虑到增长是在人口增长加速期间发生的，增长的加速更为非凡。麦

迪逊（2001，Table 1.2）指出，人口增长率从 1000—1820 年的 0.17％上升到 1820—1998 年的 0.98％。实际上，一些经济学家认为，人口统计学特征的转变和经济增长的加速密切相关；例如，参见 Becker，Murphy and Tamura（1990），Kremer（1993），Galor and Weil（2000），Galor and Moav（2002），Lucas（2002，chap. 5）。

第2章 积　累

我们已经看到，在第二次世界大战后的时期，许多国家的人均收入取得了巨大增长，但是增长率非常不平稳，一些国家增长率较高而其他一些国家的增长率却为负。问题出现了：为什么会这样？或者更准确地说，什么作用机制使得生活水平有这样大的提高？为什么这些机制使得一些国家受益，而其他国家则不然？

许多宏观经济学家强调，物资和人力资本的积累是促进收入增长的主要力量。物质资本包括机器存量、设备和建筑，而人力资本则包括受教育水平以及劳动者所受的培训。这些因素的积累被认为会对经济激励做出反应，这就是它们在经济增长分析中处于中心位置的原因。然而，同样的宏观经济学家把技术变化看作一个外生的过程，即处于经济激励影响之外的一个过程。因此，他们对技术变化关注甚少。

沿此传统，我将在本章中论述要素积累对经济增长的贡献，而把技术变化看作一个外生的过程。然而，在下一章，我将说明生产率对于解释各国收入差别以及增长率差别甚至比以上要素更为重要。受此证据启发,在第 4 章,我将讨论技术变化为内生的可能性,以及生产率水平的其他决定因素。

资本积累

关于资本积累对增长的影响的主要讨论应归功于索洛(1956,1957),他是新古典增长模型的创建者。图 2 - 1 帮助概括了其主要思想,图中横轴表示经济体的资本密集度,定义为资本与有效劳动的比率。有效劳动用效率单位加以度量,表示为劳动小时与劳动生产率的度量指标的乘积。

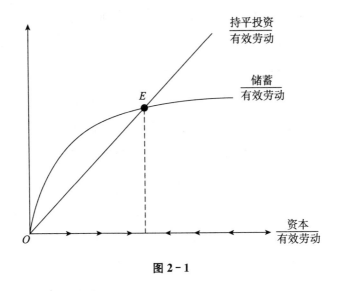

图 2 - 1

纵轴既表示储蓄与有效劳动的比率,又表示持平投资与有效劳动的比率。添加这样两个坐标体系使我们不仅描绘出每一比率与资本密集度的关系，而且描绘出两个比率彼此之间的关系。图中曲线描述了每单位有效劳动的储蓄，在此模型中总储蓄等于收入的一个稳定比例。此曲线为凹的，因为——由于资本的边际生产率下降——资本存量越大，增加的一单位资本带来的产出增加越少。通过原点的射线描绘了假定人口以不变比率增长，资本以不变比率进行折旧，劳动生产率以不变比率提高，为保持初始资本劳动比率，对每单位有效劳动资本的投资。持平投资补偿了人口增长、资本折旧以及技术进步所需的资本存量。更大的人口数量可供应更多的工作小时数。从而，如果资本存量保持不变，资本密集度将会下降，需要追加投资来恢复原先的资本密集度。折旧减少了资本存量。因此需要追加投资来恢复原先的资本存量以及原先的资本密集度，最后，提高工人生产率的技术进步扩大了劳动的有效供给。如果资本存量没有变化，资本劳动比率将会下降。因此，需要再次追加投资来恢复原先的资本密集度。

只要储蓄超过持平投资，投资就超过维持不变资本密集度所需的数量。结果，资本劳动比率上升。但是，当储蓄少于持平投资时，资本与有效劳动的比率下降。横轴的箭头显示了暗指的资本密集度的变化方向。当储蓄等于持平投资时，实现了长期均衡。E 点描述了这样一个均衡，在 E 点两条曲线相交。

索洛建立他的理论以解释资本积累对单一国家增长的影响。然而，他的框架被重复地用来比较不同国家的增长轨迹。为进行这样的比较，人们假设图 2-1 适用于样本中的每一个国家。[1] 在此情况下，资本劳动比率移动到长期均衡点左边的国家的资本密集度上升，每单位有效劳动的产出增加。[2] 因为劳动生产率也上升了，人均产出将增加。[3] 长期内，资本密集度趋于稳定。从而，单位有效劳动产出也趋于稳定。因此可以得知，工人平均产出以不变的速度增长，其速度与技术进步速度相同。然而，在移向长期均衡点的过程中，人均产出的增长率下降。其起点比技术进步率高，逐渐下降为与技术进步率相等。

资本密集度处于 E 点右边的国家的储蓄少于维持其资本密集度所需要的储蓄量。从而，每一个这样的国家的资本密集度都下降。资本密集度的下降一直持续到其到达长期均衡水平。在此转移过程中，人均产出的增长率趋同于技术进步率。[4]

从上述讨论中可知，由积累推动的增长有两个重要特征。首先，长期内人均收入增长率趋同于技术进步率。然而，因为技术进步率被假设为固定不变，这就意味着长期增长率不会受到经济状态或经济激励的影响。[5]

其次，增长率随资本密集度的变化而变化：资本劳动比率越高，人均收入增长率越低。这有两个含义：（1）当其资本密集度上升时，一国的增长率随时间的推移而下降；当其资本密集度下降时，一国的增长率随时间的推移而上升。（2）在跨国比较中，有更高资本密集度的国家增长更慢。

这一模型解释数据的能力怎样？本章我将讨论部分证据，其余的留待后面讨论。

趋同

人均产出增长率与初始资本劳动比率间的负相关关系——索洛模型的一个关键含义——在许多研究中得到了经验检验。金和瑞伯

罗（King and Rebelo，1993）提供了一个例子。[6] 他们分析了100
年中美国经济的演变，在此期间人均收入增加了7倍。他们要问的
是：资本积累推动的经济增长变迁的动态路径能否解释美国在这100
年中人均收入的增长？而得出的结论是：经济增长变迁的动态路径
甚至不能解释人均收入一半的增长。例如，运用所包含的数据对模
型进行校准，会得出在早期阶段有不可思议的资本的高边际生产率
水平。这反过来意味着真实利率超过100%，远高于所使用数据中的
真实利率。为避免这一与事实相反的结论，各种修正产生了其他的
不一致之处。

与此项研究不同，其他一些人寻求索洛模型中资本密集度与人
均产出增长率间的关系的跨国经验。因为人均产出是资本密集度的
增函数，人均产出的数据比资本密集度的数据可信度高并易得，他
们的研究考察了初始人均产出水平与随后的经济增长之间的关系。
控制了影响平稳状态的变量后，他们发现二者之间负相关，这与索
洛模型的结论相一致。巴罗和萨拉-伊-马丁（Barro and Sala-i-Mar-
tin，1992）把此发现命名为有条件的趋同（conditional conver-
gence）。它是所使用的数据体现的最紧密的关系之一。

各国储蓄率和人口增长率的变化引起了长期资本密集度的不同，
一方面，图2-1有助于显示出较高的储蓄率促进了短期人均收入增
长率，提高了长期资本密集度；另一方面，较高的人口增长率降低
了短期人均收入增长率和长期资本密集度。因此，对有条件的趋同
的估计需要控制各国储蓄率和人口增长率的变化。上述研究控制了
此类变化，但它们假定生产函数的形状和技术变化率在所有的国家
相同。

巴罗和萨拉-伊-马丁（1992）发现，人均收入以每年约2%的速

度趋向于长期值[7]，即每年初始人均收入和长期值之间约 2% 的缺口合拢了。这表明长期均衡的变迁非常慢。[8] 趋同速度的大小与产出对资本存量的弹性密切相关，产出对资本存量的弹性用于度量资本存量变化时产出的变化速度。弹性越大，变迁越快。

巴罗和萨拉-伊-马丁指出，尽管数据支持有条件的趋同的假设，但它们不支持对平稳状态无要求的趋同的假设，即无条件趋同假设。他们的发现与前面一章的证据相一致，在前面一章中可看到，在大样本中各经济体的人均收入在第二次世界大战后的时期没有出现趋同。在富裕经济体的样本组内存在趋同的证据，而在富裕和贫穷经济体的样本组间不存在趋同的证据。

上述结果引发了下列问题：世界经济中趋异的力量是什么？如果人均收入仅靠资本积累和共同的技术进步来推动，那么贫穷与富裕国家间的增长率已经趋同了。原因在于，资本在资本稀缺的贫穷国家生产率更高，因而为发展中国家更快的资本积累提供了激励，从而这些国家的人均收入应该增长得更快。但实际情况并不是这样。这意味着其他因素必定在形成增长模式的过程中起了主要作用。

人们也许怀疑，理论和数据之所以不符是因为没有论及人力资本积累的外在作用。实则不然。在后面我将讨论有关人力资本的证据。在此我仅指出，只要人力资本的积累也服从边际生产率递减，其结论就不会改变基本的预言。有较低人力和物资资本的国家，资本生产率较高，比起有着更多受过高等教育的工人以及更大的物质资本存量的国家，应该增长得更快。在长期，人均收入的增长率应该等于技术进步率。在此情况下，有条件的趋同仍然成立。因而，我们仍然预期贫穷国家和富裕国家间的差距将随时间的推移而逐步缩小。[9] 因此，未出现趋同意味着资本积累不是主要的决定因素。

在 1980 年后，资本积累导致人均收入的趋同应该特别明显，因为就在那时候，国际资本流动开始加快。[10] 随着资本国际流动障碍的消除，投资者发现更容易寻求资本高回报率的国家并对这些国家进行投资。因为资本劳动比率低的国家资本回报率高，这些国家会吸引从资本密集度较高的富裕国家而来的外国投资。但我们没有观察到资本从富裕国家向贫穷国家的大量流动。事实上，大部分的国际资本流动——以外国直接投资与证券组合投资的形式——发生在各富裕国家之间。因此，情况必然是：或者是资本的生产率在欠发达国家不是特别高，在这些国家进行投资的风险高于在富裕国家进行投资的风险，或者是索洛模型没有为解答这些问题提供合适的分析框架。[11]

卢卡斯（Lucas，1990）做了有力的辩论。他指出，1985 年美国的人均收入为印度的 15 倍，如果人均收入的差别仅来自资本密集度的不同，那么印度的资本回报率应为美国的 58 倍。有如此大的回报率差异，美国投资者定会把资金投向印度。但事实恰好相反，没有记录显示那时有从美国到印度的大规模资本流动。

卢卡斯认为，印度和美国工人的素质差别也许影响了资本流动的数量。然而，当他对两国人力资本差别做了调整之后，两国物质资本回报率的差别缩小了，但没有消失。使用克鲁格（Krueger，1968）的估计数据，卢卡斯计算出美国工人的生产率为印度工人的 5 倍，因此，用每单位有效劳动资本来度量，修正的美国资本密集度仅为原先估计值的 1/5，从而修正的在印度的资本回报率仅为美国的 5 倍。的确，差距缩小了，但仍然大到足以引起大部分资本流动，而这没有发生。人均收入差别之谜仍未解开。

人均收入差别

曼昆、罗默和韦尔（Mankiw，Romer and Weil，1992）考察了索洛模型的另一个含义。他们假定所有的国家有同样的柯布-道格拉斯生产函数，同样的技术进步率，同样的资本折旧率。在做了这些假定之后，他们把人均收入的跨国变化表示为储蓄率、人口增长率和初始劳动生产率水平的跨国差别的简单函数。另外，假定各国处于长期均衡水平，劳动生产率对数的初始差别在各国间随机分布，这使得曼昆、罗默和韦尔得以估计出解释人均收入差别的方程。

对于一个包括98个非石油生产国的发达国家和发展中国家的组合样本，他们的估计解释了1985年约60％的人均收入的跨国变化。[12] 然而，当他们从这些估计中恢复资本在国民收入中所暗含的份额时，他们发现得出的结果几乎是直接估计资本份额所得结果的两倍。

为解决此矛盾，曼昆、罗默和韦尔把人力资本积累加入他们的模型。与物质资本的积累并行不悖，他们假定收入的一个固定比例被用来投资于人力资本。他们使用工作年龄人口中的中学入学率代表投资于人力资本的收入比例。进行这些修正后，他们所估计的方程解释了1985年约80％的人均收入的跨国变化。重要的是，从这些估计中得出的物质资本占收入的份额等于31％，这接近于直接计算得出的资本份额。

曼昆、罗默和韦尔得出结论：他们对索洛模型的修正考虑了物质和人力资本的积累，很好地解释了数据。此看法得到了曼昆（1995）的回应。我们应该接受这种观点并得出结论，认为此模型提供了对经济增长的满意解释吗？我不这样认为，在下一章中我将解释其原因。

【注释】

[1] 这意味着所有的国家有同样的技术、同样的资本折旧率、同样的技术进步率、同样的人口增长率和同样的储蓄率。这些假定显然过于严格，在各种运用中已经被放松了。然而，大部分的运用保持了下列假定：至少技术的某些特征和技术进步率对于所有的国家是相同的。

[2] 我交替地使用收入和产出。除了收入和产出相等的世界（在这样的世界中，经济没有从外部资源获得收入），否则交替使用收入和产出有点滥用术语。当收入和产出的差别重要时，我会清晰地阐述它们之间的区别。

[3] 这里假定工人的数量与人口成比例，每一个工人工作固定的小时数。在此情况下，每小时产出——未经生产率调整——与人均产出的变化速度相同。

[4] 当资本的边际产品足够高于资本密集度的低水平，并且随着资本密集度上升下降得足够快时，可以保证两条线相交于一点，例如 E 点，在这一点上资本劳动比率大于 0。当第一个条件不满足时，储蓄总是小于持平投资，资本密集度随时间的推移下降。当第一个条件满足而第二个条件不满足时，储蓄总是超过持平投资。在此情形下，资本密集度无限增长，即使缺乏技术进步，长期的人均收入增长率也为正。然而，图 2-1 所描绘的情形为本章所处理的居中的情况。

[5] 尽管人均收入增长率不依赖于诸如储蓄率或者人口增长率等经济变量，但人均收入的水平即使在长期也依赖于这些变量。后面将对此做更多的论述。

[6] 金和瑞伯罗运用了索洛模型的一个修正版本，使内生储蓄动态最优化。此模型的最初版本来自卡斯（Cass，1965）。

[7] 他们通过在真实增长方程的平衡状态附近估计对数线性近似方程得到此结果。与索洛不同，巴罗和萨拉-伊-马丁没有假定固定的储蓄率。相反，跟随卡斯（1965），他们假定消费者在每一点及时选择一个最优的储蓄率。更为重要的是，当他们估计趋同速度时，他们控制了各国长期资本密集度水平的不同。但是他们指定了一个共同的趋同速度，而不管下列事实：理论模型暗含着影响长期资本密集度的变量也影响趋同速度。在此情况下，所估计出的趋同速度应被解释为各国的平均数。相反，假定储蓄率固定，曼昆、罗默和韦尔（1992）使用相似的方法来估计趋同率，也发现了每年接近 2％ 的趋同速度。

[8] 使用面板数据技术，其他一些研究发现了更快的趋同速度。艾兰（Islam，1995）估计出年均 6％ 的趋同速度，而卡塞利等人（Caselli，Esquivel and Lefort，1996）估计出 10％ 的趋同速度。我认为更高的估计值较为可信，因为巴罗和萨拉-伊-马丁（1992）的估计以及曼昆、罗默和韦尔（1992）的估计遭遇了向下偏误，原因将在下一章论述。

[9] 这种说法不考虑一些非单调的动态，如一国一种资本（比如说人力资本）的存量更高而其他种类资本（比如说物质资本）的存量更低，人均收入会上升（Mulligan and Sala-i-Martin，1993）。

[10] 莱恩等（Lane and Milesi-Ferretti，2001）在报告中指出：在工业化国家，外国直接投资的存量从 1970 年占 GDP 的大约 2％ 增加到 1998 年占 GDP 的 12％ 以上，在此期间外国股权投资从占 GDP 的大约 2％ 增加到占 GDP 的 16％ 以上。在发展中国家，很少公布外国直接投资的扩张情况。它从占 GDP 的大约 7％ 增加到 GDP 的 17％，外国股权投资——其在 1970 年接近于 0——增加到 1998 年的约占 GDP 的 3％。也参见 IMF（2001，chap. 4）对资本流动性上升及其对增长的影响的讨论。

[11] 巴罗、曼昆和萨拉-伊-马丁（1995）提出了另一种解释。为了吸引外国资本，一国需要提供担保，而仅有物质资本能提供担保。因此，几乎没有物质资本的贫穷国家不能吸引大量的外国投资。我发现此解释并不能令人信服。

[12] 对于一个包括 22 个经合组织国家的样本，此方程表现不好，它仅解释了 1% 的变化。两个样本间的一个重要差别在于：与更大的样本相比较，经合组织国家内人口增长率几乎没有变化。

第3章　生产率

生产率是一个难以琢磨的概念。它被用来描述影响投入和产出关系的一系列特征。例如，我使用一个把劳动小时转化为有效劳动单位的系数来度量劳动生产率。此系数的增长表示劳动扩大型（labor-augmenting）的技术变化。

然而，技术变化不需要一定是劳动扩大型的，它也可以是资本扩大型或者土地扩大型，即，技术的改进能提高劳动、资本或土地的生产率，它们能不同程度地提高各种投入的生产率。

除了这些基于投入的生产率提高外，技术变化也能提高产出的一个比率系数，此比率系数独立于用于生产的投入构成。这种类型的成比率的变化被称为希克斯中性技术变化。举例来说，假设有一个 3% 的希克斯中性技术改进。那么用于生产以不变价格计算的 1 万亿美元产出的各种投入组合现在能生产 1.03 万亿美元的产出。能生产价值为 4 亿美元产出的投入组合现在能生产 4.12 亿美元的产出。这些产出的变化不依赖于用来生产 1 万亿美元或 4 亿美元产出的投入。

最后，经济学家使用全要素生产率的概念来度量用于生产的所有投入要素的综合效果。全要素生产率的变化与投入的变化区别开来，代表了所有投入扩大型的技术改进的联合效应以及希克斯中性技术变化的效应。[1]

生产率的多重含义要求在使用此术语的时候多加小心。然而，大多数学者对此不加留意。术语"劳动生产率"通常用来描述每一个工人的产出或者每小时的产出，而不是劳动扩大型的生产率度量。使用术语"生产率"作为对"劳动生产率"的简称也很常见。为避免含混，我把一种投入的生产率看作把投入要素的自然单位，例如劳动小时或者土地面积，转化为有效的产出单位的系数。一种投入的生产率增长就是指此生产率系数的增长，这与前面章节的讨论一致。

我们如何度量投入要素的生产率提高程度呢？答案取决于我们如何精细地定义投入以及我们如何仔细地界定生产关系。举个例子，考虑劳动，一些工人仅受过初等教育，另一些人受过中等教育，也有一些人受过高等教育。一个大学毕业生一小时的工作当然不等于一个中学辍学学生一小时的工作。其中每个人对产出的贡献依赖于他的工作。经验也可能是重要的，有十年工作经验的工人往往比仅有一年工作经验的工人更有效率。因此，把所有的工作小时数加总为劳动投入的一个简单度量，而没有考虑教育和工作经验的不同，不能提供对劳动投入的准确度量。为了把这些劳动小时数转化为有效劳动单位，我们需要设计考虑到劳动力的异质性的劳动生产率度量。对教育和工作经验的修正创造了对人力资本的度量，但这些修正不足以充分反映劳动生产率的变化，因为技术或车间组织的变化能进一步提高工人的生产率。

正如劳动投入的情形，资本投入也需要进行质量调整。1950 年生产的钻孔机不能提供和 1990 年生产的钻孔机一样的服务。技术和工作组织的变化不同程度地影响不同类型、不同使用年限和不同质量的机器的生产率。

增长核算

经济学家们多年来一直在度量投入要素对产出增长的贡献。有人建立了一种复杂的方法，称为"增长核算"。索洛（1957）做出了最重要的早期贡献。[2]

增长核算背后的中心思想是，产出的增长能被分解为可归因于投入要素增加的增长和未归因于投入要素增加的剩余增长。归因于特定投入的产出增长率等于该投入在 GDP 中的份额乘以该投入的增长率。[3] 因此所有投入组合的贡献等于各投入要素增长率的加权平均，每一投入要素的权重等于其在 GDP 中所占的份额。例如，假设劳动所占的份额为 60％，资本所占的份额为 40％，再假设劳动小时以年均 2％的速度增长，资本存量以年均 1％的速度增长，那么这些投入要素对产出增长的贡献为 1.6％。

正如已发生的情形，投入对产出增长的贡献不总是等于产出增长率。在一个典型的数据集中，产出的增长超过了投入的贡献。产出增长率与投入增长的贡献之间的差距表示全要素生产率的增长率，即，它表示各种形式的技术变化总的影响。例如，在前面段落的数字例子中，如果产出增长为 4％，这意味着全要素生产率增长率为 2.4％。因此在这个例子中，4％的产出增长率被分解为归因于投入增长的 1.6％的增长率以及 2.4% 的全要素生产率增长率。通常把全要素生产率增长率与产出增长率的比率描述为可由全要素生产率的增长解释的增长比率。在这个例子中，此比率为 0.6，即，60% 的增长率归因于生产率的改进。

在增长核算中，产出增长多大程度上归因于全要素生产率的改进，以及多大程度上归因于投入的增长，这依赖于构造投入度量的方法。例如，如果劳动投入用小时数度量，未根据受教育年限以及工作经验进行调整，那么在一个平均受教育年限提高的经济中，受教育水平对劳动力素质的贡献将被归因于全要素生产率增长。类似地，如果对资本存量的度量没有考虑质量进步，资本质量提高的贡献将被归因于全要素生产率增长。更为一般地，对投入要素质量的所有未加度量的改进——技术改进、生产和分配组织的改进、扭曲（有害的监管或税收）的减少，以及政府政策的改进——将被归因于全要素生产率增长。

索洛（1957）计算了美国非农业私营部门 20 世纪上半叶的全要素生产率增长。他发现可由全要素生产率的增长解释的增长比率约为产出增长率的 80%。根据此测算，全要素生产率的增长是美国经济增长的主要源泉。然而，索洛没有考虑投入要素质量的改进。其他研究者考虑到了此类改进。在乔根森和格里利谢斯（Jorgenson and Griliches，1967）所做研究的基础上，戴尔·乔根森在改进经质量调整的投入变量的构造方面做了大量工作。这些改进大大减少了要加以度量的全要素生产率对产出增长的贡献。但是，全要素生产率始终是增长的主要源泉，即使对于进行了最细致的质量调整的国家来说也是如此。

图 3-1 显示了世界七大经济体（G7）在 1960—1995 年全要素生产率增长对产出增长的比率。对全要素生产率和产出增长的估计来源于乔根森和伊普（Jorgenson and Yip，2001，Table 12-4，Table 12-6），它

们使用经过质量调整的资本存量和劳动投入。不管他们进行了多么仔细的调整，日本接近 50％ 的产出增长以及德国和意大利超过 40％ 的产出增长都可归因于全要素生产率增长，从中可以看出，对于这些国家的产出增长来说，全要素生产率增长是重要的。加拿大生产率提高的速度最慢，其全要素生产率对产出增长的贡献是这些国家中最小的，仅为 15％。这些比率远小于索洛发现的 80％，但也已经很大了。[4]

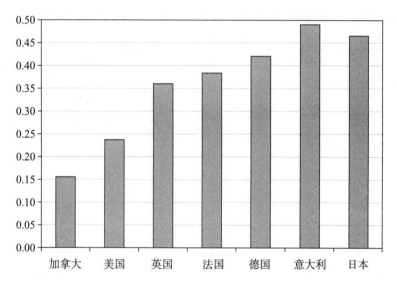

图 3 - 1　G7 国家 1960—1995 年相对于产出增长的全要素生产率增长

资料来源：Jorgenson and Yip（2001）.

杨（Young，1995）对四个东亚新兴工业化国家（NIC）及地区——中国香港、中国台湾、韩国和新加坡——在 1966—1990 年全要素生产率增长对产出增长的比率做了仔细的计算。[5] 图 3 - 2 表示出了这些国家或地区全要素生产率增长对产出增长的比率。在这些年中，劳动力参与大大增加了。在一些国家或地区，高储蓄率导致了资本这种投入要素的快速积累。考虑到这些趋势并对投入要素的质量改进进行调整后，杨发现，仅在新加坡全要素生产率的增长对产出增长的比率特别小；在韩国，全要素生产率增长占产出增长的比率为16%；在中国台湾，全要素生产率增长占产出增长的比率为27%；在中国香港，全要素生产率增长占产出增长的比率为31%。剩余的产出增长可归因于积累。这些发现导致克鲁格曼（Krugman，1994）认为这些国家或地区发生的产出增长率的奇迹不可持续，因为根据资本的边际生产率递减规律，积累推动的增长必然下降。[6]

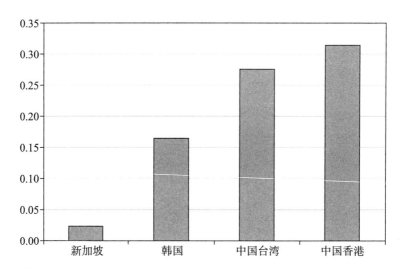

图 3-2　东亚新兴工业化国家和地区 1966—1990 年相对于产出增长的全要素生产率增长

资料来源：Young（2005）.

因果关系

尽管增长核算把产出增长分解为各投入要素的贡献和全要素生

产率的贡献[7]，但是，它没有揭示出经济增长的秘密。这重要的一点通常被忽视。

例如，考虑韩国的情形，其在 1966—1990 年全要素生产率增长率为产出增长率的 16%（见图 3-2）。这一数字会诱使人们得出结论：全要素生产率在韩国的经济增长过程中发挥着次要的作用，投入要素——特别是资本——的积累是增长的主要动力。确实，韩国储蓄率高并且投资率特别高。但这些投资率至少有一部分是对生产率的演变做出的回应。高生产率使得投资更有利可图，因此高生产率引起资本积累。从而，资本的快速积累通常反映了高的全要素生产率，或者期望的高生产率增长率。实际上，归因于资本的产出增长部分受到生产率增长的推动。换句话说，此部分产出增长应归功于生产率，而不是资本积累。

为充分地说明这一点，考虑一个前一章所论述的索洛类型的经济，其中人口没有增长，技术变化率等于零。假定经济处于平稳状态，即资本存量固定，资本劳动比率处于使储蓄和持平投资相等的水平。

现在，假设经济经历了迅速而永久性的 2% 的希克斯中性生产率改进，即，生产率提高了 2%，但没有进一步的生产率提高。在此情形下，索洛模型预测资本存量将逐渐上升到一个新的稳态水平。在新的稳态水平，由于 2% 的生产率改进和资本积累，产出更高。然而应注意，缺少生产率提高，就不会出现资本的积累。因此，人们会认为在这个例子中整个的产出增长应归因于生产率增长。然而，增长核算把部分产出增长归因于资本积累。[8]

这个例子所说明的生产率和投资间的因果关系，不仅对人们正确核算经济增长的源泉至关重要，而且对人们正确估计人均收入的解释方程也极其重要。曼昆、罗默和韦尔（1992）提供了一个例证。为进行估计，他们假定，所有的国家有同样的生产率增长趋势，因此在所有的国家，全要素生产率以同样的速度增长。他们也假定，各国有不同的全要素生产率初始水平，但仅仅受到一个与投资不相干的随机因素的影响。根据这些假设，他们推导出了解释人均收入差别的方程，它可以解释 80％的各国人均收入差别。由此，他们得出结论：有着相同全要素生产率增长率的一个简单的索洛类型的模型为各国人均收入差别提供了令人满意的解释。

但是，格罗斯曼和赫尔普曼（Grossman and Helpman，1994a）认为，这些假定过于严格，它们使得估计产生了系统偏误。首先，他们指出，与曼昆、罗默和韦尔的假设相反，各国的全要素生产率增长率不同。[9] 然后，他们指出，在一个由 22 个国家 1970—1988 年的数据组成的样本中，全要素生产率增长率与投资/GDP 这一比率正相关。[10] 这种相关关系使得曼昆、罗默和韦尔（1994a）的估计有偏，因为"如果当生产率增长加快时投资率高，投资变量的系数将不仅会扩大因各国储蓄愿望不同而导致的人均收入差别，而且会扩大因各国技术进步处于不同发展阶段而导致的人均收入差别"。换句话说，由于存在这种关系，对各国人均收入或者人均收入增长率差别的估计使得投资比原先所预料的更有解释力。

艾兰（Islam，1995）提出了相似的见解。和曼昆、罗默和韦尔一样，他也假定所有的国家有共同的全要素生产率增长率。但跟曼昆等不同的是，他允许各国全要素生产率的初始水平不同。联合估计全要素生产率水平与人均收入方程，他发现各国全要素生产率水平有很大差别。他的研究结果把各国人均收入差别更多地归因于各国全要素生产率水平的差别，而更少地归因于投资率的差别。[11]

生产率差别

我注意到了各经济体生产率水平的变化。从图 3-3 可看出其变化有多大，该图显示出 1960—1985 年 14 个经济体相对于索马里的平均生产率水平，相关数据来源于艾兰做估计所用的包含 96 个经济体的一个样本。[12] 因为其全要素生产率水平最低，索马里被选为比较基准。各经济体生产率水平差别很大。例如，瑞典的生产率水平是索马里的20 倍，中国香港的生产率水平是索马里的 40 倍。尽管必须小心对待此类估计，但是，这些估计确实显示出各经济体间的生产率水平差别很大。然而，艾兰没有考虑各经济体教育水平的差异。因此，他所估计的全要素生产率部分反映了劳动力素质的差异。然而，他的估计结果与霍尔和琼斯（Hall and Jones, 1999）的全要素生产率估计结果高度相关，霍尔和琼斯考虑到了各经济体教育水平的差异。特别是，两个估计系列的斯皮尔曼秩相关系数（Spearman rank corre-lation coefficient）等于 0.9，这是非常高的数值（Islam, 2001）。[13]但是，对于一些经济体来说，他们所估计出的相对生产率水平差别很大。约旦就是一个极端的例子。艾兰估计约旦的生产率为美国的25%，而霍尔和琼斯估计约旦的生产率为美国的 120%。尽管存在这些差异，但两个估计数据系列都显示出各经济体间的全要素生产率变化很大。

不仅各经济体的全要素生产率水平不同，而且它们的全要素生产率增长率也不同。这体现在包括 21 个最富裕国家的图 3-4中。[14] 尽管挪威和日本年平均全要素生产率增长率超过 2%，但新

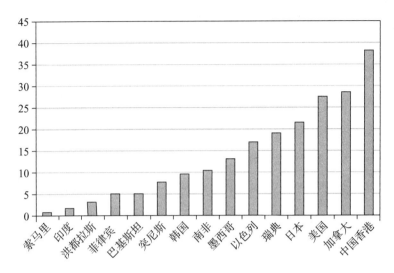

图 3-3　14 个经济体相对于索马里的全要素生产率水平，1960—1985 年的平均数据

资料来源：Islam（1995）.

西兰和瑞士的年平均全要素生产率增长率低于 0.5%。

　　另一个有趣的事实涉及全要素生产率和人均收入的关系。图 3-5 描绘了包含在艾兰的样本中的 96 个经济体的全要素生产率和人均收入的关系。显然，全要素生产率和人均收入正相关。在 1960—1985 年平均全要素生产率高的经济体在 1990 年的人均收入也高。在 1960—1985 年的平均全要素生产率水平和 1960 年的人均收入间也发现了同样的关系。[15] 换句话说，富裕经济体生产率高，贫穷经济体则低。因为富裕经济体人均资本较多以及工人受教育程度更高，所以据此可推断出，富裕经济体的人均收入较高是由于以下三个原因：较多的资本、较多的人力资本以及更高的生产率。

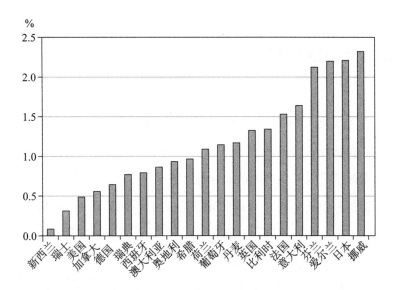

图 3 - 4　1971—1995 年平均全要素生产率增长率，来自作者的计算

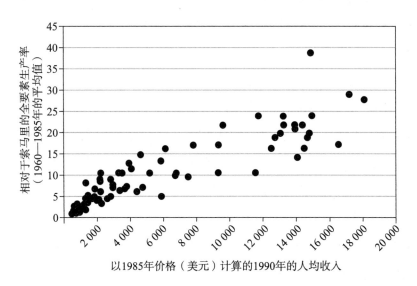

以1985年价格（美元）计算的1990年的人均收入

图 3 - 5　平均全要素生产率和人均收入

资料来源：Islam（1995）.

收入变化的源泉

在人均收入的所有三个主要决定因素中，富裕国家都有优势。但是，在解释人均收入水平以及人均收入增长率的跨国差别时，投入要素的差异以及生产率的差异各自的重要程度如何呢？

霍尔和琼斯（1999）对此做了生动的说明。在他们的数据中，美国的工人人均收入高出尼日尔35倍。尽管教育水平的差别解释了3.1的比率，但是资本密集度的差别仅仅解释了1.5的比率。由此可推断出，投入要素的不同解释了工人人均产出约4.7的比率。全要素生产率的不同解释了剩余的比率，它等于7.7。显然，在解释为何尼日尔相对于美国显得贫穷时，生产率的差别比起在资本和教育方面的差别远为重要。

这个例子有代表性吗？答案是肯定的。克莱诺和罗德里格斯-克莱尔（Klenow and Rodriguez-Clare, 1997）把工人平均收入的跨国差别分解为几个部分，分别归因于物质资本、人力资本和全要素生产率的差别。这种分解被证实了对测量教育的方法是敏感的。特别是，克莱诺和罗德里格斯-克莱尔认为，在解释工人平均收入差别时，使用中等学校入学率作为人力资本的代理变量会夸大教育的作用，因为比起对人力资本的其他敏感度量，各国的中等学校入学率差别更大。因此，他们认为，曼昆、罗默和韦尔（1992）——他们使用了中等学校入学率——把太多的解释力分配给了人力资本，而分配给全要素生产率的太少。例如，在人力资本指数的构造中，把初等学校入学率与中等学校入学率相加显著地减少了跨国人力资本差异，从而在解释人均收入差别时减小了人力资本的突出作用，而增加了全要素生产率的突出作用。当加总初等、中等、高等学校入学率三者来度量人力资本时，解释力进一步从人力资本转移到全要素生产率。

克莱诺和罗德里格斯-克莱尔还估计了通过平均受教育年限获得的人力资本，以及学校教育对收入的影响。[16] 然后他们进行了重新计算，把工人平均收入的跨国差别分别归因于物质资本、人力资本和全要素生产率的差别几个部分。他们也发现，在此情形下，在解释收入差别时，全要素生产率差别起很大作用。从他们的研究中可知，所有对人力资本的适当的度量都将得出同样的结论：全要素生产率的差别能解释工人平均收入差别的 60% 以上。在解释工人平均收入增长率的跨国差别而不是工人平均收入水平的跨国差别时，全要素生产率的作用甚至更大。全要素生产率差别能解释工人平均收入增长率的跨国差别的大约 90%。[17]

总之，有可信的证据表明，在解释所观察到的工人平均收入的跨国差别和经济增长模式时，全要素生产率起了主要作用。因此，我们需要理解，是什么造成了各国全要素生产率的差别。在下一章中我们考察一个可能的答案。

【注释】

[1] 众所周知，存在相当于希克斯中性技术变化的要素扩大型的技术变化形式。例如，当产出的规模报酬不变以及所有投入的生产率同比率扩大，或者当生产函数为柯布-道格拉斯生产函数时，要素扩大型的技术变化形式就相当于希克斯中性技术变化。因为每一个投入扩大型的技术变化都有一个希克斯中性的相等的技术变化率。

[2] 阿布拉莫维茨（Abramoviz，1956）为更早的开拓者，但索洛建立了分析结构，把增长核算转变为强有力的经验研究工具。

[3] 更准确地说，投入的贡献等于产出水平对投入的弹性乘以投入的增长率。然而，在生产规模报酬不变的竞争性经济中，产出对一种投入要素的弹性等于此种投入在 GDP 中所占的份额。由此，从国民收入账户计算出来的投入所占份额能被用来代替弹性。

[4] 生产率的增长在 1960—1995 年不平稳。在 1960—1972 年比在 1973—1995 年要快得多，且在第一个时期，全要素生产率对产出增长的贡献更大。

[5] 对于香港，所使用的时期为 1966—1991 年。

[6] 在这些年间韩国的产出以年均 10.3% 的速度增长；中国香港的产出以年均 7.3% 的速度增长。这分别是这四个国家与地区中最快与最慢的产出增长率。

[7] 注意，产出增长率与要素投入增长率的加权平均之差为全要素生产率的增长。对全要素生产率的增长的计算加总了希克斯中性技术变化、劳动扩大型的技术变化和资本扩大型的技术变化的贡献。因而，全要素生产率的增长代表了总效率的增加。

[8] 布洛姆斯特罗姆等（Blomstrom，Lipsey and Zejan，1996）提供了证据：在一个包括许多国家的大样本中，人均收入的增长领先于资本积累，但是他们没有发现资本积累领先于人均收入增长的证据。这些发现与下列观点一致：生产率增长推动投资。

[9] 有趣的是，不只是在富裕和贫穷国家的混合样本中存在生产率增长速度差异。乔根森和伊普（2001）指出，即使在七大经济体（G7）集团内部，在早期的 60 年间，全要素生产率的水平也大不相同，但因为集团内低生产率国家生产率增长较快，差距随着时间推移缩小了。

[10] 在由 7 个经合组织国家 1880—1979 年的数据组成的样本中，鲍莫尔等（Baumol，Blackman and Wolf，1989）指出，全要素生产率增长与资本劳动比率的增长高度相关。

[11] 艾兰（1995）运用了分组的方法，他没有考虑各经济体间的教育差别。他估计了有固定的国家影响（fixed country effect）的全要素生产率水平。当他未使用固定影响（fixed effect）时，所估计的资本份额类似于曼昆、罗默和韦尔在未控制教育时估计出的资本份额，即，所估计出的资本份额不同寻常

地高。但当他引入固定影响时，所估计出的资本份额下降到合理水平。因此这种方法也指出了允许各国存在生产率差别的重要性。

[12] 假定各经济体的生产率增长速度相同，艾兰估计了 1960 年的生产率水平。如果此假定正确，那么每年的生产率相同，从而 1960 年的生产率也等于平均生产率。因为各经济体的生产率增长速度相同的假定与证据不一致，最好把他的估计解释为 1960—1985 年的平均生产率水平。

[13] 霍尔和琼斯（1999）估计了 1988 年的数据。他们根据劳动力素质对劳动投入进行了调整，给予受教育年限较长的工人更大的权重。依据萨卡罗普洛斯（Psacharopoulos，1994）从工资回归中得出的估计，对于受过 0～4 年学校教育的工人，他们对每年的学校教育设定了 13.4％的回报；对于受过 4～8 年学校教育的工人，他们对每年的学校教育设定了 10.1％的回报；对于受过 8 年以上学校教育的工人，他们对每年的学校教育设定了 6.8％的回报。霍尔和琼斯也指出，在他们的包括 127 个经济体的样本中，工人平均的产出水平差异很大。例如，1988 年 5 个最富裕经济体的工人平均产出的几何平均数几乎为 5 个最贫穷经济体的 32 倍。

[14] 运用增长核算来计算这些经济体的全要素生产率增长率，没有对劳动和资本的质量进行调整。它们是对科和赫尔普曼（Coe and Helpman，1995）得出的全要素生产率增长率的修正。

[15] 卡塞利等（Caselli，Esquivel and Lefort，1996）发现，全要素生产率和人均收入间有似的关系。

[16] 这类似于霍尔和琼斯（1999）所构造的人力资本指数，尽管这两项研究没有使用相等的教育回报率。关于如何最好地度量人力资本对收入增长的贡献存在争议（参见 Krueger and Lindhal，2001；Cohen and Soto，2001）。

[17] 伊斯特利和莱文（Easterly and Levine，2001）指出，全要素生产率增长解释了在他们的样本中人均收入增长率差别的大约 60％。确切的数值依赖于样本时期和样本中的国家而定。

第4章 创 新

我们已经看到，各国的生活水平差别很大，富裕国家有更高的人均收入水平，因为它们有较高的人均资本、有受过更多教育的工人以及更高的全要素生产率水平。重要的是，一半以上的人均收入差别来自全要素生产率的不同。同样的解释适用于人均收入增长率的差别：一半以上的人均收入增长率差别来自全要素生产率增长率的不同。探究经济增长的人们从中可以得出结论：为了理解各国的增长，有必要更好地理解全要素生产率的决定因素。

技术变化是全要素生产率的一个重要决定因素。这是索洛最初的观点，也是他的信徒和批评者的观点。对国家财富做了里程碑式研究的西蒙·库兹涅茨（Simon Kuznets，1966）很清楚地表达了他对技术主导作用的自信："我们可以肯定地说，以科学发展为基础的技术进步——在电力、内燃机、电子、原子能和生物等领域——成为发达国家经济增长的主要源泉"。大量的经济史学家也认为技术演变处于现代经济增长的中心地位。在这些经济史学家中，突出的是兰德斯（Landes，1969）、罗森伯格（Rosenberg，1982）和莫基尔（Mokyr，1990）。他们通过对技术变化的细致研究得出，不仅技术变化对于现代工业的形成不可缺少，而且技术塑造经济活动的过程在长期内发挥着作用。跨越几十年的主要技术的开发和扩散的突出例子包括蒸汽机——它提供了可依赖的能量来源，以及发电机——它使得制造工厂通过使用电力实现灵活制造。经济史学家促使经济学家用长期的眼光看待经济增长过程，因为新技术的影响的发挥需要很长时间。

尽管有起伏，但总的来说世界经济平均增长越来越快了（见图1-5）。作为索洛模型基石的要素积累不能解释这一长期趋势，因为索洛模型预测了生产率的下降。为了使增长率加速的证据与要素积累的证据一致，技术必须不断提高，其速度足以克服积累降低生产率的影响。这种逻辑推理自然地提出了下列问题：为什么技术变化的速度随时间推移而加快？为回答这一问题，我们需要一个理论来解释技术变化。

第一次热潮

索洛 1956 年的研究带动了 20 世纪 60 年代的研究潮流，这些研究扩充和细化了他的基本方法，但这些努力在 70 年代早期戛然而止。尽管有一些值得注意的例外——例如阿罗（Arrow，1962a）的干中学模型、宇泽（Uzawa，1965）的人力资本驱动的生产率改进模型、谢尔（Shell，1967）的发明活动模型——但外生技术变化的理论在增长理论中仍占统治地位。当宏观经济学家投入对理性预期与货币政策有效性的争论时，他们对增长理论的兴趣慢慢减弱。采用新凯恩斯主义和新古典方法对商业周期的研究占据了中心舞台，对增长的研究则处于边缘状态。

但是，随后对增长理论的兴趣迅速恢复。被忽视了数年之后，增长理论在 20 世纪 80 年代出现复兴气象。在这一时期，罗默（1986）和卢卡斯（1988）写了两篇关键的论文。

罗默注意到，历史数据没有显示出增长率下降的趋势。首先，世界经济领导者——18 世纪的荷兰、19 世纪的英国、20 世纪的美国——的证据描绘了上升而非下降的单位人时平均收入增长率。即，英国的增长快于荷兰，美国的增长快于英国。[1] 其次，使用麦迪逊（1979）关于人均 GDP 增长率的数据，罗默计算出 11 个国家长达十年的年均增长率。然后他估计了每一个国家在随机选取的两个十年中，居后十年的增长率更高的概率较大。结果描绘在图 4-1 中，每

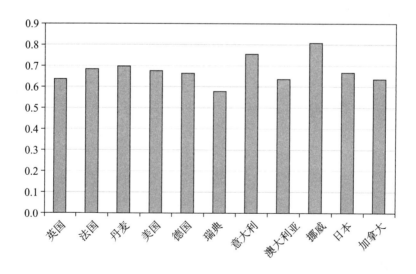

图 4-1　居后十年的增长率高于早先十年的概率，1700—1978 年

资料来源：Romer（1986）.

一国家居后十年的增长率超过早先十年的概率均超过 50％，这意味着一国倾向于增长加快而非增长放缓。最后，他指出，自从 1800 年以来，美国经济的增长率一直在上升。[2]

根据这些证据，罗默得出结论：有着固定外生技术变化率的索洛类型的模型不足以解释长期经济趋势。随之，它建立了一个模型，强调知识积累的外部性。他认为，产出依赖于传统的投入要素，例如劳动和资本，但产出也依赖于一个经济的知识存量。随着商业企业投资于知识积累，知识存量随时间推移而上升。每一企业有一个生产函数，在其生产函数中，产出依赖于企业的私有投入，包括企业的私有知识存量。产出也依赖于整个经济总的公共知识存量。因此每个企业都有激励投资于私有知识。然而，不经意地，这种投资对总的公共知识存量做出了贡献，从而产生了外部性。

什么驱使罗默诉诸外部性呢？在存在外部性的情况下，存在递增的规模收益，而每个企业仍为价格接受者，因为每个企业认识到在其直接控制下投入要素的边际生产率递减。因此，外部性的设定提供了一条捷径来处理规模经济而不需要引入一个非竞争的市场结构。可把此设定当作最初由马歇尔（Marshall，1920）提出的静态外部经济的一个动态扩展。阿罗（1962a）在其干中学模型中使用了一个相似的扩展。区别在于，在罗默的框架中，外部性存在于知识中；而在阿罗的框架中，外部性存在于资本中。

积累私有知识的企业不经意地对总的公共知识存量做出了贡献。公共知识存量提高了每个企业的生产率。在此情形下，私有知识边际生产率递减使得所有企业的表现如同在完全竞争市场中一样，即都是作为价格接受者，然而整体经济随着知识边际生产率上升呈现出规模经济。重要的是，不存在对总体知识的回报递减，增长率不是必然下降的；增长率能随着时间推移而上升，直到其最终收敛于一个稳定的增长率，或者增长率能无限上升。[3] 每一个此类模型与增长模式的一种变化相一致，包括数据所显示出的模式。

卢卡斯（1988）也诉诸外部性。然而，与罗默（1986）不同，他所引入的外部性存在于人力资本中。在一项他所进行的研究中，总产出被假定为依赖于物质资本（即机器、设备和建筑）、总的人力资本（对技巧总和的度量）以及劳动力人力资本的平均水平。物质资本和总的人力资本服从报酬递减，但是，整体经济中人力资本的平均水平越高，物质资本和总的人力资本混合对产出的影响被假定为越大。因此，外部性存在于平均人力资本对产出的影响中。

个人被假定为努力增加人力资本积累。个人人力资本存量的上升是努力程度和已获得的人力资本水平的函数。使用宇泽（1965）对此关系的设定，其中积累率与人力资本存量成比例，卢卡斯指出，这样一种经济的长期增长率超过技术进步率；这样一种经济的增长率依赖于其生产商品和服务的技术特征，以及其生产人力资本的"技术"特征。

在另一个关于人力资本外部性的模型中，卢卡斯考虑了专业化的人力资本。一个部门的产出水平被假定为与部门专业化的人力资本存量成比例，并与此部门所雇用的劳动力成比例。然而，跟以前的模型不同，在此模型中，部门专业化的人力资本存量增长被设定为部门专业化的干中学的结果。人力资本存量的增长被设定为与部门人力资本存量、部门雇佣劳动力二者之积成比例。在此情形下，即使没有技术变化，经济从长期来看也在增长，因为干中学变成增长的火车头。当商品彼此高度可替代时，有着最快学习速度的部门的重要性随时间推移而上升，直到它控制了整个经济。当商品彼此的可替代性很弱时，经济收敛于长期均衡，这时各部门的人力资本增长率相同。

人力资本积累的模型需要谨慎的解释。经验研究者通常使用基于学校受教育年限的人力资本度量。在此情形下，人均人力资本不能无限增长，因为个人的寿命是有限的。因此，人力资本的增长不会是经济持久扩张的一个源泉。相反，许多理论模型，例如卢卡斯（1988）模型，把人力资本看作对能够无限扩散的技能的度量。在此情形下，人力资本的积累可作为经济持续长期增长的一个源泉。显然，对人力资本的选择性处理有着显著不同的含义。所引出的一个与此相关的主要问题是，人力资本是仅包含在人的身上，还是也包含在社会中？它如何不同于罗默的"知识存量"？我觉得人力资本的概念以及人力资本与"知识存量"的含义区别都未被清楚地阐明。

教育是人力资本形成的一种重要机制，生产率加权的学校受教育年限为度量人力资本存量提供了一条自然的准绳。然而，如上所述，此类人力资本的积累不能支持长期增长。尽管有此限制，研究者们仍不断发现，教育在经济增长中起着主要作用。运用增长核算，戈尔丁和卡茨（Golding and Katz，2001）发现，在20世纪，约1/4的美国工人的平均收入增长是由于教育的进步。[4] 米奇（Mitch，2001）发现，19世纪晚期欧洲初等教育的普及对欧洲经济增长仅有微小贡献，而20世纪中等和高等教育的普及产生了大的影响，尽管在欧洲和在美国的影响大小不同。最后，杨（1995）发现，学校教育年限的上升在东亚新兴工业化国家和地区的增长中发挥了中心作用。对于其他许多国家不同时期的研究，也得到了类似结果。在解释经济增长的时间模式和人均收入的跨国差别时，教育起了重要作用。[5]

接下来要考察的问题是，人力资本是否存在外部性？因为人力资本驱动的可持续的长期增长要求存在这样的外部性。有关这一点的证据含混不清。一方面，阿西莫格鲁和安格瑞斯特（Acemoglu and Angrist，2001）在微观数据中没有发现这样的外部性，科恩和索托（2001）在宏观数据中没有发现这样的外部性。特别是，科恩和索托发现，从宏观数据估算出的投资于教育的回报率，与从微观数据工资方程中估算出的回报率大小相当。另一方面，莫瑞蒂（Moretti，2002）发现大学毕业生对其他工人的工资有正的外部性。特别是，他发现，在劳动力队伍中大学毕业生占更大份额的美国城市中，相应工人的工资更高。这意味着，高等教育的社会回报率高于私人回报率。

我认为这些发现——经济学家们还不能找出有力证据来说明人力资本存在外部性——仅是尝试性的。我极力主张的预先假设是，工人们互相学习，因此人们会预期，在有着受过较多教育的同事的环境中，一个工人的生产率会较高。一般来说，估计外部性存在许多困难，特别是估计人力资本的外部性。克鲁格等（Krueger and Lindahl，2001）讨论了所涉及的许多问题。由于上述原因，目前的证据不能得出肯定的结论。

在知识的积累中存在外部性吗？阿罗（1962b）综合分析了对发明活动的资源配置，给出了肯定的回答。罗默（1986）使讨论更加深入，他着重指出，不仅存在这样的外部性，而且它们是现代经济的一个主要特征和经济增长的一个源泉。阿罗提出的关键论据是信息，它不像普通商品，它能被个人和商业企业重复使用而没有被损耗，并且不能排除个人和商业企业使用公共信息。由此，新知识的利益不限于其最初的创造者，这样就产生了外部性。[6]

研究和开发（R&D）创造新知识。因此，如果知识的外部性确实存在，那么它们应该出现在研发活动中。确实有许多经验研究指出了研发活动外部性的存在。格里利谢斯（Griliches，1979）指出，战后时期的研发投资具有高回报率。首先，私人回报率是高的。在美国，经过细致研究，研发投资的私人回报率是物质资本投资回报率的两倍多。在其他国家，此比率甚至更高。[7] 尽管差距的一部分也许反映了更高的投资风险所要求的补偿，但看起来似乎不是整个差距都可归因于补偿。其次，当考虑到同一部门企业间的技术溢出效应时，所估计的回报率会翻倍。而当考虑到利益从投资于研发的部门向技术上相关的部门扩散时，所估计的回报率会更高。[8] 看来研发投资的社会回报率确实远高于私人回报率，明确地显示出存在外部性。此证据引致了"新"增长理论的第二次热潮，这次热潮强调创新是生产率增长的直接源泉。

第二次热潮

罗默（1990）推动了对"新"增长理论研究的第二次热潮。不再使用他于 1986 年所采用的对知识积累的加总方法，1990 年他建立了一个商业部门的非加总模型以研究生产率的演变。在这个模型中，为了开发新产品，商业企业把资源投入研发中。这些产品的设计受到专利的保护。因此，创新者获得能用来增加利润的垄断力量，而额外的利润提供了投资于研发活动的激励。正如许多其他类型的投资机会一样，创新者把投资中获得的将来利润的现值与前面所付出的研发成本做比较，进而做出投资决策。竞争吸引新到者加入发明活动，直到研发的私人回报率等于可选的投资项目的回报率。

研发的私人回报依赖于制度特征，例如专利保护的时间长度，商标保护的范围，司法系统保护知识产权的效力，商业企业运营监管制度等。事如所料，没有一种制度能提供全面的保护。因此，在企业内部进行发明活动的过程中，所产生的一些有用知识变得也能为其他人所利用。

罗默根据这些效应建立了一个模型。模型的主要创新在于投入到研发中的资源的生产率与对研发的累积投资之间的关系。在他的模型中，创新者的目标是发明新产品，新产品将给他们带来利润，因此提供了一个创新的激励。但是不经意中他们也创造了未包含在设计中且不能作为贸易秘密保留的知识。这种"未包含"的知识变得也能为其他创新者所利用，并因此减少了每一个人进行进一步研发的成本。过去所进行的研发越多，知识存量就越大，今天进行研发的成本就越低。

这种机制——前向的研发溢出效应——随着时间的推移减少了研发成本。但是当越来越多的产品被发明出来后，这些产品供应者之间的竞争减少了每个供应者的利润，导致每种产品的利润递减。从而创新的激励随时间推移上升或下降取决于相对于利润来说，研发成本下降得有多快。罗默找出了导致这些力量平衡的技术特征，使得创新激励随时间推移保持不变，因此，配置于研发活动的资源也保持不变。遵循这种轨迹的经济表现出平稳的生产率增长率。从生产率增长率依赖于经济的特征（特别是决定储蓄率的特征）的意义上说，生产率增长率是内生的。有着较高储蓄率的经济体之所以增长较快，是因为这些经济体把较多的资源配置于发明活动（内生地）。与索洛模型不同，罗默的模型预言资源配置和生产率增长之间存在联系。[9]

获得一项发明专利的公司通常会隐瞒其技术的重要信息。一旦申请了专利，此信息就变成公开的了。使用专利引用数据，贾菲和特拉腾博格（Jaffe and Trajtenberg，2002）明确指出，这是技术扩散的一条重要渠道。许多研究显示出研发的社会和私人回报率存在差别，这些研究提供了研发溢出效应的有力证据，但未能找出一种特定的技术转移机制。与这些研究不同，贾菲和特拉腾博格找出了一种支持罗默模型的重要的技术转移机制。[10]

罗默（1990）分析了一种经济，在这种经济中所有的产品彼此完全可替代，可利用的产品种类通过创新得以扩展。格罗斯曼和赫尔普曼（1991a，b）、阿吉翁和豪伊特（Aghion and Howitt，1992）建立了替代性的分析框架。在这些模型中产品质量逐步改进。每种新产品高度可替代质量较低的一种类似产品，但很少能替代其他产品。然而，正如罗默的模型所说，现在的创新对将来的创新有前向溢出效应，因为现存的质量提供了一种基准，创新者试图在此基准上进一步改进产品。所导致的增长过程是一种"创造性的毁灭"，因为高质量的产品夺取了旧的、低质量产品的市场份额。[11] 随着质量改进，生产率不断增长。各行业质量改进的速度不同，因为行业的质量改进速度遵循一个随机过程。但是，当一个经济体有许多行业时，质量改进的平均速度不是随机的，它能被一个体现经济特征的、定义良好的函数加以描述。对于此模型的一些版本，简化方程——描述经济体的特征与其增长率的联系——几乎和罗默模型的一个版本相同，尽管在方法上存在差别。由此，罗默的扩大产品种类的模型表现出与格罗斯曼和赫尔普曼以及阿吉翁和豪伊特的提高质量模型相似的动态特征。[12]

研发水平

图 4-2 表现了七个大型经济体（G7）投资于非国防的研发占GDP 的百分比数据。值得注意的是这些比率差别很大。从 1981 年到1998 年的 18 年间，意大利投资于非国防的研发为 GDP 的 1% 左右。日本的这一比率超过 2%，1998 年日本的投资率为意大利的 3 倍。这些数据显示出非国防研发占 GDP 的百分比的跨国差别以及随时间推移的变化。在更大的国家样本中，差别甚至更大。例如，瑞典的此项投资超过日本，而希腊的此项投资少于意大利。

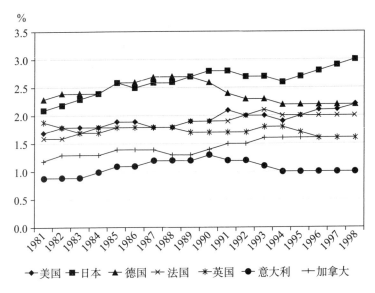

图 4-2　非国防研发投入占 GDP 的百分比

资料来源：国家科学基金，www.nsf.gov/sbe/srs/nsf01309/tables/tab7.xls.

值得注意的另外一点是：对研发的投资远小于对物质资本的投

资，对物质资本的投资通常为对研发的投资的 5～10 倍。这意味着对研发的投资必定不那么重要吗？不，这有两个原因：首先，研发的回报率为投资于机器和设备的回报率的许多倍；其次，只要研发提高了全要素生产率，更高的全要素生产率水平会促进资本积累。因此，研发对产出有直接和间接影响，其间接影响会很大。在下一章中我将讨论这种分解的定量特性。在此仅指出，利用校准质量阶梯模型来拟合美国的数据，效果很好（参见 Grossman and Helpman，1994a，35）。

琼斯（2002）对美国经济做了更细致的研究。[13] 他发现，1950—1993 年人们受教育年限的提高——平均增加了 4 年的学校教育——解释了每小时产出约 30％的增长。剩余的 70％归因于美国、法国、联邦德国、英国和日本所产生的思想（idea）存量的上升。回顾了研发对全要素生产率的影响的证据后，Mohnen（1996，56）指出，一项研究把主要经合组织国家产出增长的 10％～50％归因于研发增长，另一项研究把美国全要素生产率增长的 40％归因于研发溢出效应，还有一项研究把日本全要素生产率增长的 66％归因于美国的研发增长。

规模效应

创新推动增长的第一代模型因其规模效应受到了批评。在其最简单的版本中，设定了一种称为劳动的投入，模型预言：较大的国家——即，有更多劳动力的国家——将增长得更快。第二次世界大战后一段时间的证据不支持这种预言。[14] 另外，正如琼斯（1995a）所指出的，甚至当人们考察配置于研发的资源和全要素生产率的时间变化模式时，这两个时间序列呈现出的关系与罗默（1990）、格罗斯曼和赫尔普曼（1991a，b）、阿吉翁和豪伊特（1992）所建立的模型也不一致。尽管法国、德国、日本和美国参与研发的科学家和工程师的数量在几十年来快速上升，但全要素生产率增长没有显示出相应的上升趋势。实际情况是，在1973年石油危机后许多国家的全要素生产率增长放慢了。[15]

对此做出的回应是，人们对这些模型在许多方面加以修正以抑制规模效应对生产率增长率的影响。[16] 琼斯（1995b）和西格斯托姆（Segerstrom，1998）把拥挤现象引入研发活动，从而减少了规模对生产率增长的长期影响。杨（1998）结合罗默（1990）论文中扩大产品种类的特征以及格罗斯曼和赫尔普曼（1991a）、阿吉翁和豪伊特（1992）论文中提高质量的特征，做成一个对长期生产率增长没有规模效应的统一模型。在杨的模型中，长期生产率增长由产品质量的增长推动，但是一个大经济体生产很多类商品，这需要在更多的产品中进行旨在改进质量的研发活动。因此，大经济体吸引到产品改进活动中的额外资源，正好充分利用来生产更多类别的商品，最终产品改进的平均速度保持相同。从较大的经济体人均收入较高的意义上说，在此模型中无疑存在规模效应，但人均收入的增长率不是这样。[17]

这些修正排除了存在于第一代模型中的经济政策对长期增长的影响。正如杨（1998，pp. 52 - 53）所解释的：

在内生创新的当代模型中，许多政策干预影响经济的长期增长，很容易看到这些政策干预在此模型中无效（对于增长率而言）。单边或多边强加的关税，或者一定的研发补助（这减少了研发支出的一个固定份额），将改变企业可利用的租金总量，而没有影响与产品质量有关的需求弹性。这些政策会影响收入水平，但不会改变收入的长期增长率。

作为回应，豪伊特（1999）修改了杨的模型，使人口增长进入增长过程。他的模型产生的长期生产率增长率在人口增长较快的经济体中较高。另外，不同于杨的模型，他的模型预言研发补助对长期增长有正的影响，储蓄对长期增长有正的影响。[18]

限制规模对长期增长率的影响的各种可选方法，对参与研发的资源的长期时间趋势有不同的含义：琼斯（1995b）模型意味着这些资源有一个固定的真实价值，而豪伊特（1999）模型意味着这些资源的真实价值的增长率等于真实 GDP 增长率。阿吉翁和豪伊特（即将出版）所指出的证据没有拒绝美国 GDP 中用于创新活动的支出时间序列的平稳性，这与豪伊特的模型一致。但它拒绝了参与研发的真实资源时间序列的平稳性，这与琼斯的模型不一致。

尽管有上述发展，但重要的是注意到在理论中市场规模和创新激励间的固有联系。从新产品——它们存在纵向和横向的区别——中获得的垄断利润越高，创新激励越大。并且，因为出售产品的市场越大，从新产品中获得的垄断利润就越高，所以更大的市场鼓励更多的研发。看来存在一个固有的规模效应。可放大或抑制这种规模效应，但不能消除它。[19]

通用目的技术

到目前为止，我关于技术进步的论述都只限于将它看作一个渐进过程的研究，这也是文献中的普遍做法。一些经济史学家，例如兰德斯（1969）和罗森伯格（1982），甚至认为小的进步一直是技术变化的主要形式。然而，这存在例外。其中最为大众所熟知的是蒸汽机、电力和计算机。其中每一种发明都是剧烈变革而不是渐进的进步；每一种发明都有潜在的广泛用途，每一种发明都引发了许多互补投入要素的发展，每一种发明都发起了一个持续的调整过程，其中包括车间的重新组织。[20] 布雷斯纳汉和特拉腾博格（Bresnahan and Trajtenberg，1995）创造出术语"通用目的技术"（general purpose technology，GPT）来描述此类技术。[21]

通用目的技术推动的增长不同于创新增加推动的增长。与创新增加不同，通用目的技术会引起一条非平稳的增长轨迹。增长刚开始持续放缓，紧接着突然加速。对这样的周期人们给出了不同的解释。首先，霍恩斯坦和克鲁塞尔（Hornstein and Krusell，1996）、格林伍德等（Greenwood and Yorokolgu，1997）认为新技术的采用要求企业学习怎样使用它们，这种学习过程放慢了生产率的增长。其次，赫尔普曼和特拉腾博格（1998）却认为新技术的采用需要花费时间来发展与新技术相配套的互补的投入要素，在此阶段，资源转向开发这些投入要素，增长放慢了。最后，赫尔普曼和兰格尔（Helpman and Rangel，1999）认为，为提高工人生产率进行的在职培训会使生产率增长放慢。如果工作经验只适用于特定技术，那么转向新技术的工人会丧失一些技能。然而，如果他们预期积累新技术的经验时工资会快速增长，他们会选择学习新技术。在此情形下，随着劳动生产率下降，增长会出现暂时减速。所有这些观点都被用来解释石油危机以后的时期生产率增长的放缓，把计算机技术——或者微处理器——的引入当作新通用目的技术的降临。

图 4-3 描绘了美国商业部门每小时产出增长率的急剧下降。20
世纪 60 年代,每小时产出的平均增长率超过 3%,在 70 年代和 80
年代,下降到约为 1.5%。只有在 90 年代,每小时产出增长率开始
加速上升。

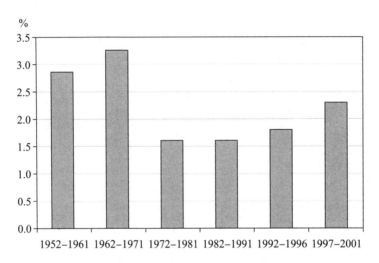

图 4-3   美国商业部门每小时产出的年平均增长率,1952—2001 年

资料来源:劳动统计局,http://w3.access.gpo.gov/usbudget/fy2003/sheets/b49.xls.

赫尔普曼和特拉腾博格 (1998) 也指出,一项新的通用目的技
术会带来相对于 GDP 的股票市值的周期性变化。一项新的通用目的
技术的出现降低了使用老技术的企业的价值。同时新技术不是非常
具有生产力,因为它需要时间来开发互补的投入要素和组织形式。
因此,股票市值相对于 GDP 下降。尽管有使用新通用目的技术的企
业进入,但股票市场仍处于萧条,因为这些新企业初始总价值比较
低。但是当它们在经济中的份额变大时,它们会对股票市场施加更
加显著的影响。从而,股票市值开始比 GDP 上升得快。

格林伍德和约法诺维克 (Greenwood and Jovanovic,1999) 证

明了美国股票市场的此类演变。如图 4-4 所示，在 20 世纪 70 年代早期，股票市值与 GDP 的比率显著下降，从 1 下降了大约一半。[22]在 80 年代后期，此比率开始上升，并在 90 年代中期创下新高。[23]此图描绘了一个与通用目的技术推动的增长相一致的长周期。

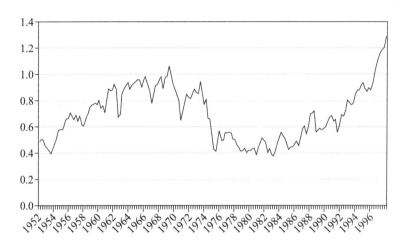

图 4-4 美国股票市值与 GDP 的比率

资料来源：Greenwood and Jovanovic（1999）；联邦储备管理局.

【注释】

[1] 使用来自麦迪逊（1982）的估计数据，罗默（1986）指出了各国年均增长率的情况——荷兰在 1700—1785 年为 0.07％，英国在 1785—1820 年为 0.5％，英国在 1820—1890 年为 1.4％，美国在 1890—1979 年为 2.3％。罗默在 1986 年不能获得用来构造图 1-5 的数据。

[2] 对于这种看法来说，起点的划分很重要。因为自从 19 世纪中期以来美国的人均 GDP 增长率并不是一直在上升。然而，正如图 1-5 所示，美国是一个例外；世界经济的平均增长率自 19 世纪中期以来一直在上升。

[3] 索洛的模型也能产生超出技术变化率的长期增长率。当资本存量无限增长而资本边际生产力未下降到零时，就会发生这种情况。索洛在他 1956 年所

写的文章中指出了这一点，许多人利用这一点来构造经济增长率高于生产率增长率的模型。然而，在这种情形下，增长率必然随时间推移而下降。一个早期的例子可参见 Jones and Manuelli（1990）。

[4] 戈尔丁和卡茨（2001）发现，从 1915 年到 1999 年，学校受教育年限的工资加权指数以年均 0.53% 的速度增长。取劳动份额（劳动收入在 GDP 中所占的份额）为 0.7，他们使用增长核算法算出教育对产出增长的贡献为 0.7×0.53＝0.37。对于相近的时期，戈登（Gordon，2000）估计每单位劳动的产出增长率为 1.62%。因此教育对工人平均产出的增长的贡献为 0.37/1.62＝23%。使用相同的资料来源和相同类型的计算，我发现在 20 世纪前半叶教育对增长的贡献低了一些，约为 21%。差别主要来源于较早时期较快的产出增长。

[5] 哈努谢克等（Hanushek and Kimko，2000）发现，控制了学校受教育年限这一变量后，生产率的跨国差异依赖于学校教育的质量。他们使用标准化测试的成绩作为学校教育质量的代理变量。

[6] 莫基尔（2002）对知识在西方发展中的作用做了历史估计。在他所做的估计中，外部影响的例子比比皆是，例如第一本百科全书的出版。即使我们没有对其影响大小做数量估计，这些外部性也非常重要。

[7] 莫讷恩（Mohnen，1992）提供了有关经验研究的一个综述。

[8] 参见 Terleckyj（1980）、Scherer（1982）、Griliches（1992）、Mohnen（1992）。前两者发现研发的社会回报率超过 100%，他们得出研发的私人回报率分别为 25% 和 29%。他们的估计显示出研发的外部效应为内部效应的 3 倍，这意味着外部效应实际上非常大。

[9] 在一个开放经济体中，储蓄和投资的联系因国际资本流动而不那么紧密了。然而，对于整个世界经济来说，投资在总体上等于储蓄。因此，储蓄和增长的联系在单一国家内不像在整个世界中那样紧密。

[10] 因为申请专利时会暴露有价值的信息，为避免暴露其机密技术，公司不总是为发明申请专利。

[11] 质量阶梯模型把熊彼特（1942）提出的"创造性毁灭"的概念正规化

了，参见 Segerstrom，Anant and Dinopoulos（1990）。

［12］参见 Grossman and Helpman（1991b，chap. 4）。尽管有这种相似性，但其中的每一个模型都强调一种重要的截然不同的增长机制，这解释了它们被广泛运用的原因。阿吉翁和豪伊特回顾了质量阶梯模型的几个应用。

［13］琼斯（2002）使用了一个内生增长的第二代模型，根据下一部分所描述的批评做了修改。

［14］然而，注意克雷默（Kremer，1993）发现，在一个相当长的时期，增长率与人口规模正相关。

［15］经济学家们的初始反应是把生产率的放慢归因于石油危机。回过头来看，可以明确的是，即使石油危机引发了生产率的放慢，也不会导致生产率的放慢延续了那么久。后面我将给出一个技术性的解释。围绕生产率放慢的原因仍存在大量争议。格里利谢斯（2000，chap. 5）回顾了有关争论的一些内容。

［16］格罗斯曼和赫尔普曼（1991b，chap. 5）在一些细节上讨论了相关的规模变量。特别是，他们认为，只要研发是技巧密集型的，有技巧工人和无技巧工人在主要活动中的低替代弹性就会导致有着较多无技巧劳动力的国家增长更加缓慢。因此这是规模不支持较快增长的一种情形。但不管弹性如何，有较多有技巧工人的国家应该增长较快。这意味着理论模型没有预言国家规模（用GDP 度量）和生产率增长率之间的正相关关系，但这些模型确实预言研发规模和生产率增长率之间存在正相关关系。然而，这种观点没有解决琼斯所提出的参与研发的科学家和工程师的数量和生产率增长率之间的相关关系问题。格罗斯曼和赫尔普曼（1991b，app. A3. 1）也讨论了规模效应在什么条件下取决于公共知识积累函数的特征。特别是，他们推导出在什么条件下生产率增长率在长期内出现正值，在什么条件下生产率增长率出现负值。

［17］杨认为质量改进的研发存在前向溢出效应，但为发明新产品进行的研发没有前向溢出效应。这个差别对于他的结论是重要的。当发明新产品的前向溢出效应被引入他的模型时，长期生产率增长的规模效应便恢复存在了。

［18］豪伊特（2000）也使用索洛和第一代内生增长模型的一种混合来得出

经验方程，它们类似于曼昆、罗默和韦尔（1992）从索洛模型中得出的方程。在豪伊特的模型中，研发驱动生产率增长，但技术扩散在所有的国家传播研发利益，从而把各国的长期增长率联结起来。进行研发的国家的增长轨迹趋于平行，人均收入的相对差别固定。未投资于研发的国家增长变得停滞。然而，不同于第一代增长模型，此模型预言有较高储蓄率的国家长期内将有较高的人均收入，但其长期增长率不会偏离其他投资于研发的国家的增长率。另外，储蓄率越高，投资于研发的国家的共同的长期增长率越高。研发补助的跨国差异有着类似的含义。然而，重要的是注意到这些结论在很大程度上来自下列假定：在国际范围内存在研发溢出效应，正如下一章所述。

　　[19] 当考虑到对外贸易和国家规模之间的相互作用时，Alesina，Spolaore and Wacziarg（2003）估算出了显著的规模效应。

　　[20] 参见 von Tunzelmann（1978）有关蒸汽机的论述、Du Boff（1967）有关电力的论述，以及 David（1991）有关电力和计算机相似性的论述。蒸汽机引起的调整持续了一个多世纪，对电力的调整持续了 40 多年，但仍然不清楚对计算机的调整会持续多久，

　　[21] 从历史视角对通用目的的技术的论述可参见 Lipsey，Bekar and Carlaw（1998）。赫尔普曼（1998）收集了考察此类技术各方面内容的文章。

　　[22] 此图描述了公司股权市值与 GDP 的季度比率。股权市值来源于联邦储备管理局基金流量账户，表 L213；GDP 资料来源于美国经济分析局。感谢来自联邦储备管理局的巴特·霍奇金（Bart Hobijn）提供了这些数据，格林伍德和约法诺维克也用过这些数据。

　　[23] 在 1999 年第四季度和 2000 年第一季度股权市值为 GDP 水平的两倍，此后下降了。许多人认为 90 年代后半期在资产市场上存在泡沫。然而，泡沫的出现没有贬低图中所描绘的周期模式的重要性。

第5章 相互依赖

我们已经看到，国家经济的增长源于物质和人力资本的积累，以及全要素生产率的提高。在现代经济增长中，生产率起着特别大的作用。它说明了一半以上的人均收入跨国差异，以及远大于50％的人均收入增长率跨国差异。因此，为理解经济增长的源泉，人们必须理解什么因素导致生产率增长。但是，为较好地理解经济增长，也需要正确评价各国如何相互影响，因为各国的收入水平是相互依赖的。在某些情形下，这种相互依赖是直接的，在其他情形下，这种相互依赖是间接的，它通过生产率渠道起作用。

举个例子，注意到1870—1913年世界经济的高速增长发生于国际贸易的快速扩张时期，正如第二次世界大战后世界经济快速增长的情形。从图1-5和图5-1的比较中可明显地看出这些趋势。[1]欧若克和威廉姆森（O'Rourke and Williamson，1999）认为1870—1913年发生了全球化的第一次浪潮，以国际贸易、投资、移民前所未有的扩张为特征。全球化的第二次浪潮发生于二战以后，贸易首先起了推动作用，接下来贸易和投资共同起着推动作用。从这些数据中可看出，另一个明显的事实是：在两次世界大战期间——其间自由贸易呈现倒退趋势——贸易下降了，增长也下降了。根据图 5－1，在 1800 年贸易占 GDP 的 2％，在第一次世界大战前夕的 1913 年增加到接近 21％，一战后下降了。直到二战后贸易比率才又开始上升，并在 20 世纪 70 年代早期达到了 1913 年的高峰值。

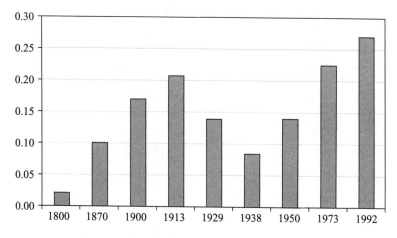

图 5－1　世界经济中出口加进口占 GDP 的比率

资料来源：Estevadeordal, Frantz and Taylor（2003）.

贸易和增长的这些发展是巧合吗？或者在国际一体化程度和人均收入增长之间存在一个基本的关系吗？本章要论述的主题是：国际一体化对经济增长有相当大的影响。一体化一方面释放出趋同的力量，另一方面释放出趋异的力量。下面将要说明这些力量是什么以及它们如何发挥作用。

贸易条件

资本积累提高了人均收入。然而，随着资本劳动比率的上升，增加的资本存量对产出的贡献递减，积累的激励下降。正如我们在第2章中所看到的那样，增长由此受到报酬递减程度的限制。

在加入了国际贸易的开放经济中，此观点有所改变，因为贸易允许一个国家进行专业化生产，而专业化影响资本回报。特别是小国能避免"报酬递减的诅咒"，因为这些国家的贸易条件对其资本存量的大小不敏感。[2]

例如，考虑一个小国，它的贸易条件固定，即，不论这个国家经济增长与否，其出口品和进口品的世界价格固定。如果这个国家仅专业化生产一种产品，比如说服装，那么其资本积累将提高服装的产出，这个国家能在世界市场上以固定价格用服装交换其他商品。但是因为报酬递减，增加的每单位资本造成的服装销售收入的增加下降，从而在世界市场上的购买力下降。

现在假设这个国家也能生产玩具，比起服装来，玩具的资本密集度更高。当这个国家的资本劳动比率低时，它专业化生产服装，尽管它知道如何生产玩具。这样做是有效率的。在资本积累的初始阶段，这个国家也许保持在服装上的专业化生产。但在某个时候，当其资本劳动比率变得足够高时，这个国家发现它生产玩具也是盈利的。因此，它的一些资源转移到玩具行业上来。资本劳动比率的进一步提高导致资源进一步从服装生产转移到玩具生产上来。但只要它同时生产两种产品，资源的重新配置就不影响资本的边际生产率。可以看出，只要其生产分散于服装和玩具间，这个国家就逃脱了"报酬递减的诅咒"。从而在这些情形下，资本积累对人均收入增长率的抑制效应减轻了。国际贸易理论预言，当且仅当其资本劳动比率位于这些行业所使用的资本劳动比率之间时，这个国家会同时生产服装和玩具。

这种观点可推广到资本密集度不同的许多行业，于是存在许多多样化的领域。在此类型的经济中，资本积累导致专业化生产向资本密集度更高的行业转移，但仅在从多样化的一个领域转向另一个领域的期间，资本的边际生产率下降。[3]

文图拉（Ventura，1997）认为这解释了为什么小国能增长较快——因为它们能逃脱报酬递减的逆向影响。这些国家遵循一条发展路径：产业结构构成随着时间推移向资本密集度更高或人力资本密集度更高的行业转移。此预言特别适合于亚洲新兴工业化国家和地区。杨（1992）证明了在中国香港和新加坡存在此类转移。

然而，大国倾向于受到"报酬递减的诅咒"，因为只要大国扩大其一种产品的供应，就会压低这种产品在世界市场上的价格。因此，产出的价值下降，放大了要素积累报酬递减的影响。阿西莫格鲁和文图拉（Acemoglu and Ventura，2002）研究了这种影响的重要性。他们指出：对贸易条件有负面影响的增长导致了趋同，正如报酬递减所起的作用一样。他们也发现了在人均收入增长和贸易条件增长之间存在负的跨国相关的证据。在 1965—1985 年，增长率提高 1 个百分点，会导致贸易条件恶化近 6 个百分点。

贸易条件的变化为增长效应的国际转移提供了一种重要的机制。正如阿西莫格鲁和文图拉所说，如果经济增长的国家贸易条件恶化，那么它们的贸易伙伴则享受着改善了的贸易条件。因此，经济增长的国家把利益赠予其贸易伙伴。换句话说，通过贸易条件调整，增长带来的利益向世界扩散。[4]

尽管阿西莫格鲁和文图拉这样说，贸易理论却认为，积累对贸易条件的影响随经济增长的国家的特征而改变。另外，这些影响取决于什么因素推动外贸发展。例如，国际贸易的要素比例理论没有预言一国的资本存量与其贸易条件间存在无条件的反向关系。根据这种理论，较大的资本存量恶化了出口资本密集型产品的国家的贸易条件，但是提高了出口劳动密集型产品的国家的贸易条件。由此，阿西莫格鲁和文图拉所估计的 0.6% 的系数最多代表了跨国的平均效应，特别是它也许不适用于任何国家。

知识的传播

贸易条件也许是重要的，但它们仅提供了经济发展相互影响的一条渠道。知识的流动提供了各国经济相互作用的另一条渠道。在这部分和下一部分里，我将讨论知识流动是如何与收入水平和增长率联系起来的。这部分将考察通过干中学无意中获得的知识积累，下一部分探索研发投资的结果。

干中学在国际贸易中有长期的传统。典型地讲，它是积累的产出对一个行业的全要素生产率形成的一种正效应，即，一个行业过去积累的产出水平越大，其知识存量越大，其投入要素的生产率就越高。[5] 在一个由单一国家构成的世界中，这类马歇尔规模经济的范围自然受制于这一国家的行业。但是在一个由许多国家构成的世界中，存在其他的可能性。比如说，德国化学工业中的干中学也许受制于德国化学工业所积累的经验，或者它也取决于瑞士化学工业所积累的经验。更一般地，它取决于世界化学工业所积累的经验。正确的表述是什么呢？这重要吗？

首先要注意的是这非常重要。干中学国际溢出的程度既影响外贸结构又影响各国的增长率。尽管此类学习在某些行业可能是国家特定的，但在其他一些行业可能是国际范围的。[6]

为弄明白干中学怎样影响专业化、贸易和增长，设想有一个国家，它生产两种产品，干中学发生在每个行业。可利用的资源不能扩大，这意味着生产率是唯一可能的增长源泉。再假定起初这个国家不与外面的世界进行贸易。那么全要素生产率在每个行业的增长速度取决于此行业的产出水平和部门特有的学习速度。有较快学习经验的行业其知识存量增长较快，全要素生产率增长也较快。

格罗斯曼和赫尔普曼（1995）指出，在这些情形下，一国的总的生产率增长长期内取决于其需求结构和初始知识存量。特别是，如果在消费者的眼中，两种商品彼此高度可替代，那么长期内会引导这个国家仅专业化生产一种产品。专业化生产哪种产品取决于初始条件，即，它取决于相对的行业知识存量。当此相对知识存量跨越了有利于某特定行业的门槛时，所偏好的行业以较快的速度扩张，长期内就在经济中占据统治地位。所偏好的行业的学习速度越慢，与其他行业相比较其固有的生产率水平就越低，门槛就越高。因此，经济体越大，所偏好行业中的干中学越快，所偏好行业的固有生产率水平就越高，人均收入的长期增长率也就越高。

注意，在这种经济中长期增长率取决于初始条件；长期增长率或许较高，或许较低，这取决于哪一个行业的初始相对知识存量更有利。其初始条件对有缓慢增长潜力的行业有利的经济，长期内增长缓慢，其初始条件对有高增长潜力的行业有利的经济，长期内增长快速。显然，市场力量并不必然保证最快的增长轨迹。这与新古典增长模型大不相同，在新古典增长模型中，要素积累推动增长，长期增长率不取决于初始条件。

接下来假设存在两个这种类型的经济体，每一经济体处于有固定增长率的特定均衡中，它们在学习速度、固有生产率水平、规模方面有所区别。再假定两国决定相互贸易，贸易如何影响它们的增长率呢？这个问题的答案取决于贸易是否引出了跨国界干中学的可能性。

首先，考虑下列情形：干中学在范围上变成国际的，特别是，假定知识溢出到外国企业与其溢出到国内企业一样快。另外，假定溢出的知识对所有的企业来说立即可以利用。在上述情形下，两个国家有相同的知识存量，每一个国家专业化于贸易领域的初始模式由比较优势决定，即，由其固有的相对生产率水平决定。然后，一个行业的知识存量的增长率取决于专业化于此行业的国家固有的生产率水平、此行业的学习速度和规模。格罗斯曼和赫尔普曼（1995）指出，此种相互作用的模式会产生一系列结果。贸易也许会推动一个国家专业化于有低增长潜力的行业，相对于自给自足的情形来说，这放慢了其长期增长。或者，贸易推动一个国家专业化于有高增长潜力的行业，从而加速了其长期增长。但是也有可能两个国家在长期内增长较快。所出现的结果取决于两国的规模、其固有的生产率水平和学习速度。[7]

其次，考虑下列情形，干中学在范围上是一国之内的。在此情形下，初始的自给自足后的专业化模式被加强了，因为每一国家在其有比较优势的行业变得更有效率了，并且其比较优势随时间推移加强了。在一个有两个国家、许多产品和单一需求替代弹性的世界里，克鲁格曼（1987）给出了此类经济体发展的清晰路径。在此情形下人均收入增长率不会趋同。换句话说，国际贸易不会导致趋同。[8]

从这些例子中可得出两个重要的结论。首先，国际贸易并不必然导致增长率的趋同。其次，即使国际贸易导致增长率的趋同，国际贸易也不必然导致所有国家更快的增长。尽管贸易释放了趋同的力量，但它也释放了趋异的力量。哪一种力量占主导地位以复杂的方式取决于彼此相互作用的各种经济特征。[9]

有关这些主题的另外的见解来自对投资于研发以进行有目的的知识积累的考察。与无意中的干中学不同，研发对经济激励做出反应。[10] 因此，经济环境直接影响研发活动水平，研发反过来影响生产率增长。

研　发

在前一章中我们看到，投资于研发的方式影响经济增长。我认为"新"增长理论强调了两条主要的影响渠道：一条渠道是对可利用的产品的范围的影响，另一条渠道是对研发可利用的知识存量的影响。然而，有关讨论局限于封闭经济。是考察国际贸易如何与这些影响渠道相互作用的时候了。理解国际贸易与这些影响渠道的相互作用特别重要，因为95％以上的世界研发活动是由工业化国家进行的。如果创新的利益局限于投资研发的国家，那么研发会产生生活水平上的主要差别。库兹涅茨第一个注意到了研发活动的国际反响。他写道："不管这些技术和社会创新在哪儿出现——它们大多是发达国家的产品——所有给定国家的经济增长都依靠采用这些技术和社会创新……假定现代的知识增长在世界范围内有效并可传递，知识存量的传递特征和任何单一国家在其现代经济增长过程中对它的依赖将变得明显。"（Kuznets，1966）。

有关贸易和增长的现代文献已经找出了许多渠道，通过这些渠道，各国的生产率水平互相联结起来。格罗斯曼和赫尔普曼（1991b）详细地讨论了这些渠道。第一，存在市场规模效应。能够进入更大的市场提高了投资活动的收益，鼓励投资于研发。在封闭经济中较大的国家倾向于有这种效应。在开放经济中贸易为小国和大国进入世界市场都提供了回报。因此，贸易推动了对研发的投资以及生产率的增长，对小国的作用更大。

第二，存在竞争效应。融入一种贸易体系使国内企业面临外国企业的竞争。如果竞争损害了利润，对创新活动的投资就会减少，因为所获得的利润越少，对研发提供的激励越小。相当多的文献强调了竞争对研发的负效应。然而，通过促使技术领先者更快地前进以避免技术跟随者的竞争，竞争也能提高对创新的激励。在此情形下，贸易推动了研发。[11]

第三，贸易和外国直接投资（FDI）改变了国内要素价格。如果所导致的转移使得研发成本降低了，对发明活动的投资就会增加。反之则会减少。格罗斯曼和赫尔普曼（1991b，chap.6）提供了一个生动的例子。他们考虑生产两种产品的一个小国，两种产品的价格由世界市场确定。每个行业使用一种基本投入以及一种不同的中间投入品。中间投入品不在国际市场上进行贸易，它们由国内企业在研发技术的帮助下开发出来。研发技术是人力资本密集型的，正如一个最终产品行业一样。格罗斯曼和赫尔普曼指出，当且仅当人力资本密集型产品的相对价格在世界市场上低于在自给自足经济体中时，开放贸易才会加速这个经济体的全要素生产率增长。[12] 这揭示了一种机制，通过这种机制贸易会推动或者阻碍研发驱动的生产率增长。在这个例子中没有国际的研发溢出效应，因此国内的企业仅仅向国内其他的企业学习，但没有向国外企业学习。类似地，国外企业也没有向国内企业学习。

这个例子也显示出保护会加速或者放慢增长。在一个进口人力资本密集型产品的经济中，保护提高了这种产品的价格和研发成本。因此，对研发的投资下降，增长放慢了。但是在一个出口人力资本密集型产品的经济中，保护降低了这种产品的相对价格和研发成本。因此，对研发的投资扩大，增长加速。因此这一理论没有预言在所有的国家保护和增长之间存在反向关系。保护对增长的影响取决于一国的具体特征。

第四，贸易除去了研发竞赛中的冗余。当各国彼此孤立时，在一国经营的企业仅仅尽力开发本国的其他企业不生产的产品。这样一个企业没有激励把自己的产品与外国生产的商品区分开来。因为它预期不会与外国供应者在国内市场上竞争。因此，会存在重复的研发努力。然而，当各国彼此进行贸易时，每一个企业与世界上所有其他供应者竞争。在此情形下，企业有激励把自己的产品与世界经济中所有其他产品区分开来。这减少了重复的研发努力，因而带来了研发知识存量的更快增长和更低的研发成本。结果是更快的生产率增长。

第五，进入外国的供应商行列提供了生产其他国家生产的特定中间投入品和资本品的机会。除了与价格有关的贸易中的标准获益外，由于扩大了可用于生产的投入品的类别，此类贸易产生了额外的获益。较多的投入品类别提高了全要素生产率。[13]

最后，在一个有许多国家的世界中，影响研发成本的知识存量可被所有的国家分享，或者只能被特定的一国所享有，即，一国的研发——它增加了一国对将来发明活动有用的知识存量——也许会，也许不会对其他国家可用的知识存量做出贡献。这一区分类似于前一部分对干中学所创造的知识存量在特定国家和世界范围所做的区分。当这些研发溢出是国际范围的时，它们激发了趋同的力量。当它们是特定国家的时，它们激发了趋异的力量。

格罗斯曼和赫尔普曼（1991b，chap.7）显示了这些趋同的力量。[14] 他们指出，只要研发的知识存量被贸易国家充分分享，长期的贸易和增长模式就独立于初始条件。长期贸易模式由要素比例差别所决定，正如静态贸易模型中的情形，贸易国家分享同样的全要素生产率增长率，即，生产率增长率也许有跨行业差别，但对于给定的行业，各国的生产率增长率没有差别。在这些情形下，总的全要素生产率增长率在各国间存在差别仅因为投入品的构成不同，这导致了产出构成的不同。当要素比例的差别不大时，一种投入的真实收入在各国相同。[15]

如果没有研发知识存量的国际溢出，趋异是较有可能出现的结果。格罗斯曼和赫尔普曼（1991b，chap.8）用一个简单的一种要素（劳动）、两个国家的模型揭示了这种特征。他们指出，在一个两个国家规模相当的一体化的世界经济中，在研发知识存量上有初始优势的国家随着时间推移其优势扩大，因为它对研发投资较多。尽管这并不总是导致要素价格的不同，但只要在工资上有差别，有初始优势的国家工资就较高。在此情形下增长取决于初始条件。甚至初始知识存量的微小差别随着时间推移也会积累成为生活水平的巨大差别。这些趋异的力量会降低起初处于不利地位的国家的增长率。[16]

注意到下面的一点是重要的：在此类环境中，较快的增长与较高的福利不是同义词。增长是有代价的，因为它用光了投入研发的资源。因此，为了更快增长而把资源转入研发并不总是人们所希望的。同样，即使贸易导致增长放慢，它也会改进福利，因为通过在世界市场上交换商品，一国能提高其收入水平。首先，一个增长放缓的国家会享受到贸易条件的改善。其次，当贸易获益的初始影响足够大时，它足以补偿收入提高的放缓。换句话说，静态的获益会超过动态的损失。

总之，格罗斯曼和赫尔普曼（1991b）的理论没有指出在对外贸易和生产率增长之间存在一个简单的关系。在他们的理论中，贸易可能促进也可能阻碍人均收入的增长。

贸易量的证据

尽管在理论上贸易能推动或阻碍增长，但有理由相信推动增长的力量在许多经济体的发展中占主导优势。热那亚和威尼斯等意大利城邦的贸易在中世纪很繁荣，它们在培育后来的中世纪商业革命中起了关键作用。商业革命反过来对欧洲的经济发展有巨大的影响。[17] 国际贸易也在重要领域和工业革命相互作用，共同促进了欧洲的繁荣。波梅兰兹（Pomeranz，2000）认为，在 18 世纪中叶以前欧洲并不比中国先进。然而，两个地区遵循不同的发展路径，工业革命后欧洲的发展要快得多。欧洲与新世界的贸易对此起了巨大作用。

加勒尔和芒福德（Galor and Mountford，2003）在解释欧洲与中国的发展分歧时认为贸易发挥了特别大的作用。他们假设欧洲与东亚之间的贸易驱动东亚国家专业化于增长潜力低的农业，并使得欧洲国家专业化于增长潜力巨大的制造业。因此，欧洲领先于亚洲。此假设建立于前两部分所考察的趋异的证据之上。[18]

贸易在日本的发展中也发挥了中心作用。洛克伍德（Lockwood，1954）评述了19世纪后半叶日本对外开放后贸易的发展。他指出，明治维新以后日本的发展很大程度上依靠其与外部世界的联系，包括贸易和模仿外国技术。

这些历史上的例子显示出，国际贸易在各国发展中发挥了直接作用。其他的例子包括：工业革命以来增长的加速正好发生于贸易快速增长的时期（见图1-5和图5-1）。然而，第二次世界大战后存在贸易和增长间跨国相关的更多系统的证据。费德尔（Feder，1982）和爱德华兹（Edwards，1992）等所做的开放对增长的影响的简单估计指出，开放对增长有正的影响。[19] 然而，更多复杂的估计——基于我在第3章中所论述的巴罗和萨拉-伊-马丁（1992）以及曼昆、罗默和韦尔（1992）所建立的规范——得出了混合的结果。正如莱文和雷诺特（Levin and Renelt，1992）所指出的，当未把投资率包括进来作为一个解释变量时，出口占GDP的比率对人均收入增长率有正的影响。[20] 但是一旦把投资率包括进来，贸易头寸对人均收入增长率就没有影响。然而随着开放度的上升，投资率上升，这意味着贸易促进了增长，但仅通过其对投资的影响发挥作用。

大多有关贸易和增长关系的经验研究的著作受到了批评，因为它们未考虑到贸易流量的内生性以及出口为 GDP 的一部分的事实。贸易度量的内生性对所估计的影响产生了随机偏误，同时本身作为 GDP 一部分的出口内在地与 GDP 正相关。弗兰克尔和罗默（Frankel and Romer，1999）提出了一种方法来克服这些缺陷。

他们估计了一个双边贸易流量的引力方程，其中各种地理特征和双边的距离会影响贸易。[21] 然后他们使用地理特征以及国家间的距离所预测的贸易流量作为代表贸易的工具变量，来估计进出口总量占 GDP 的比率对人均收入的影响。除增加了度量开放的变量外，他们的方程类似于曼昆、罗默和韦尔（1992）所估计的方程。

基于对曼昆、罗默和韦尔所使用的 98 个国家的样本所做的工具变量法估计，以及对 150 个国家的更大样本所做的估计，弗兰克尔和罗默发现开放对人均收入有强烈影响。另外，工具变量法所估计的开放对人均收入的影响约为普通最小二乘法估计结果的两倍，这意味着普通最小二乘法的估计不是向上偏误的（参见其表 3）。[22] 根据弗兰克尔和罗默的估计，贸易份额提高 1%，人均收入提高 2%。把贸易对收入的影响分解为资本深化、教育和全要素生产率产生的间接影响，他们发现最大的影响来自全要素生产率。有趣的是，一旦控制了开放程度，他们也发现国家规模对收入有正的影响。这意味着在有着相似开放程度的国家中，较大的国家有更高的人均收入，即，存在规模效应，正如“新”增长理论所预测的那样。

运用弗兰克尔和罗默所使用的工具变量法，艾莱斯那等（Alesina，Spolaore and Wacziarg，2003）发现开放度和规模对人均收入增长率有正的影响。[23] 另外，他们发现，开放程度相同的情况下，大国对增长的影响较小；在比较开放的经济体中，国家规模的重要性降低。[24] 这些结果与理论的推测一致，外贸为小国和较大的国家提供了相似的进入世界市场的机会。就市场规模的扩张来说，小国获益更多，因此贸易对其人均收入和增长率的影响更大。艾莱斯那等还发现，对于一个像马里大小（流行语）的国家来说，开放度增加一个标准差，其增长率将提高 0.419 个百分点。对于一个更小的国家，例如塞舌尔，开放度同样的变化将使其增长率提高 1.4个百分点[25]，可见确实有大的影响。但是对于像法国一样大的国家来说，开放对增长的影响逐步消失。在如此大的经济体中，额外的贸易对经济增长没有贡献。

当其他方面相同时，可进行这些比较。但其他方面显然不会相同。各国在此类经验研究著作中未加以控制的重要方面有所区别。因此，所得出的估计最好被解释为跨国的平均影响。正如我们所看到的，对于呈现特定特征的一些国家，贸易促进增长，而在呈现其他特征的一些国家，贸易阻碍增长。从此证据中可得出的一个令人信服的说法是：平均来说，正的影响占统治地位。

贸易政策的证据

贸易量依赖于禀赋、技术、偏好和市场结构，以及这些特征在各国间的具体区别。因此，即使所有国家进行自由贸易，一些国家的贸易量也将会比较大而其他国家将会比较小。由此，增长率是否与跨国贸易量正相关是不显著的。另外，即使有人相信贸易推动增长，也并不能从这一假定必然地得出结论：较大的贸易量促进经济更快地增长。因此，考察增长率和贸易量间的关系的研究不能就贸易对增长的影响提供令人满意的证据。研究贸易影响增长的机制将会提供更多的信息。但是数据局限性大大限制了此类研究的开展。从而，增长经济学——像面临同样问题的经济学的许多其他领域一样——转而研究其间接关系。

大量研究考察了贸易政策对增长的影响，我们已经看到，增长理论没有预言贸易政策和增长间存在一个简单的关系。在一些国家限制贸易政策会加速人均收入增长，在其他国家这会放慢增长。贸易政策影响一个经济体增长的方式取决于这一经济体的特征，例如它在外国市场交易的产品类别，或者其进口竞争行业的人力资本密集度。然而，经验研究没有提供基于这些特征的贸易政策对增长影响的估计。因此，使用跨国变量的估计最好被解释为贸易政策对增长的平均影响，类似于前面讨论的贸易量对增长的影响的估计。

贝罗克（Bairoch，1993，chap.4）认为，欧洲 19 世纪后期的经验不支持贸易保护对增长有害的观点。根据贝罗克所述，欧洲贸易政策的自由主义时期从 1860 年持续到 1892 年。对从俄国和新世界来的便宜谷物流入做出的反应是，一些国家设置了贸易障碍。法国在 1892 年开始实行保护主义。实行保护政策之前的十年中，年均国民生产总值增长率为 1.2%，政策转变后的十年中，其值上升为 1.3%。德国于 1885 年改变政策，其国民生产总值增长率从保护高涨前十年的年均 1.3% 提高到接下来的十年的 3.1%。在其政策于 1888 年转向更加明显的保护主义后，瑞典也经历了国民生产总值增长的加速。而意大利在 1887 年前后经历了国民生产总值增长的放缓过程，就在这一年它转而实行保护主义。回顾上述证据，贝罗克（1993，50）注意到：“一般来说，下面的说法是正确的：所有的国家（除了意大利）引入保护措施导致了在政策改变后的第一个十年间经济增长的明显加速，这种情形的发生与何时引入保护措施无关。"

欧若克（2000）更为仔细地考察了19世纪晚期平均关税和增长的关系。他用10个国家1875—1914年的数据估计了一个增长方程，发现关税对真实人均收入增长率有正的影响，因此赞同贝罗克的观点。[26] 通过固定国家规模的影响，他所做的面板数据估计意味着，平均关税率增加一个标准差，年均增长率上升0.74个百分点。

克莱门斯和威廉姆森（Clemens and Williamson，2002）对一个包含30多个国家1870—1913年数据的样本做了估计，结果与欧若克的发现一致，但是他们也发现上述关系在第二次世界大战后期颠倒过来了，即，第二次世界大战后高关税国家比低关税国家增长缓慢。克莱门斯和威廉姆森认为颠倒的关系也许与世界经济平均保护水平有关。当一国的贸易模式应伴有高关税时，通过采用一个更高的保护率，它能加速其自身增长。然而，当一国的贸易模式应伴有低关税时，较高的保护率会阻碍增长。

图5-2描绘了从19世纪晚期到20世纪晚期35个国家平均关税率的演变。[27] 第一次世界大战前的关税比第二次世界大战后高，两次世界大战间的关税水平创下了历史纪录。关税的跨期模式是克莱门斯和威廉姆森对保护和增长间的颠倒了的关系做出解释的核心。尽管他们也提供了计量经济学的证据来支持他们的假说，但应注意到，就我们的理论讨论来说，对此证据的其他解释也是可能的。

第二次世界大战后的经济体非常不同于19世纪晚期和20世纪初期。在每一时期，各国都存在重要的经济结构差别。一些国家的结构使关税对人均收入的增长产生正的影响，而另一些国家的结构使关税对人均收入的增长产生负的影响。利用计量经济学可以测量

图 5 - 2 35 个国家进口关税的非加权平均

资料来源：Clemens and Williamson（2002）.

每一时期这些国家保护率对经济增长率的平均影响。进而，我们可把经验事实解释为：第二次世界大战后贸易保护阻碍经济增长的渠道发挥了主要作用，而 19 世纪晚期和 20 世纪初期，保护促进增长的渠道发挥了主要作用。这是一个令人信服的解释，但无助于准确理解在每一时期主要的影响渠道是什么。理解这一问题需要以影响这种关系本质的一些特征为条件，研究保护和增长间的关系。

除了这些困难，对贸易政策的研究也被其他困难所困扰。尽管 19 世纪晚期和 20 世纪初期保护主要是以关税的形式出现，但第二次世界大战后保护的性质变了。随着关贸总协定几个谈判回合中关税的减让，各国一度建立起较高的非关税壁垒。[28] 因此，图 5 - 2 所示的平均关税率没有提供对 20 世纪晚期保护的准确度量。此事实导致第二次世界大战后期的学者使用各种其他指数来代表保护水平。这些指数包括真实汇率扭曲的度量，黑市外汇升水的大小，遭遇非关税壁垒的进口比率，经济体制的各种非制度特征。[29] 其他学者使用结果指数（outcome indicator）——例如贸易理论预测的贸易量的偏离——来度量贸易体制的限制性。[30] 他们都发现贸易限制对增长有负的影响。

对这些研究存在挑剔的问题。罗德里格斯和罗德里克（Rodriguez and Rodrik，2000）讨论了一些问题。贸易政策不完全是外生的，它们通常与其他政策高度相关，并且它们太复杂而不能用一个简单的贸易限制指数来充分代表。萨克斯-沃纳（Sachs-Warner）指数是一个好例子（参见 Sachs and Warner，1995）。它是一个二元指数，当认为一个经济体是开放的时，赋予数值 1，当认为一个经济体是封闭的时，赋予数值 0。在下列情况下，一个经济体被认为是封闭的：如果它的平均关税超过 40％，或者非关税壁垒覆盖了 40％以上的进口品，或者其为社会主义经济体制，或者大部分出口品由国有垄断企业控制，或者其黑市升水在 20 世纪 80 年代和 90 年代超过 20％。

研究发现，萨克斯-沃纳指数与人均收入增长率正相关。根据上述估计，比起封闭国家，开放国家增长较快——年均增长速度达 2.44％，影响确实较大。然而，正如罗德里格斯和罗德里克所指出的，国有垄断企业和黑市升水的标准对萨克斯-沃纳指数发挥了主导作用。同时，黑市升水与其他的政府政策高度相关。在有着宽松的宏观经济政策、严格的资本和汇率控制以及腐败程度高的国家，黑市升水倾向于较高。因此，所估计的萨克斯-沃纳指数对增长的影响也许没有适当地排除贸易政策的影响，但是也许正好反映了政府政策对经济增长的广泛影响。

瓦克扎格（Wacziarg，2001）证实了这一假说。他建立了一个模拟方程，使他得以估计贸易政策对增长的影响，此影响通过六条不同的渠道发挥作用：宏观经济政策的质量、政府规模、价格扭曲、要素积累、技术转移和外国直接投资。即，他估计了表示六条渠道的变量对增长的影响，以及贸易政策对每一个变量的影响。[31] 联合这些估计使他能够评估贸易政策对增长的影响。

在第一阶段，瓦克扎格估计了平均关税、非关税覆盖率，以及依照萨克斯-沃纳指数贸易自由化的时间选择对贸易份额的影响。去掉贸易自由化的时间选择变量，他也估计了这个方程。然后他使用贸易政策变量对贸易份额的预期影响作为对贸易政策限制性的度量，用来估计后者对表示影响经济增长各种渠道的变量的影响。当他使用基于萨克斯-沃纳指数的贸易自由化的时间选择变量时，他发现，贸易政策对增长影响的 63% 是通过投资渠道，技术转移和宏观经济政策的质量则构成另外两种重要的影响传递渠道。没有基于萨克斯-沃纳指数的贸易自由化的时间选择变量，通过影响宏观经济政策质量发挥作用的贸易政策的影响消失了。就总的影响来说，瓦克扎格估计出：在此情形下，贸易政策限制增加一个标准差，人均收入增长率年均下降 0.264 个百分点，这是一个显著的影响。

我认为，撇开文献中存在的许多困难，可以公正地得出结论：证据倾向于认为第二次世界大战后的贸易保护对增长率有负的影响。重要的是，没有这一时期保护和增长率之间呈正相关关系的真实证据。但是我也同意罗德里格斯和罗德里克（2000，317）所表达的观点："寻找贸易政策和增长间可能的关系也许是有益的。贸易限制在低收入和高收入国家所起的作用不同吗？在小国和大国所起的作用不同吗？在初级产品有比较优势的国家与制造业产品有比较优势的国家所起的作用不同吗？"对于这一串可能性我将仅为模型增加结构特征，这些结构特征在理论模型中已经被证实会影响贸易政策和增长间的联系。

研发的证据

最后，考虑知识的国际溢出。这种联系对于理解世界经济趋异的力量被证实是关键的。正如我已说明的，理论模型显示，当此类有用的知识——源于研发——以与在国内经济中扩散相同的速度扩散到外国时，这些知识流动提供了一种使世界经济趋同的有效力量。然而，如果国际流动相对于国内流动来说是缓慢的，那么这些知识流动就提供了一种趋异的有效力量。特别是，在一种没有知识的国际流动发生的极端情形下，在创新活动上有初始优势的国家随着时间推移扩大了它的优势。这样一个国家长期内在高技术行业占统治地位，其居民享有较高的生活水平。相反，起初在研发上没有优势的国家被迫专业化于传统商品，这样一个国家最终的生活水平较低。

但是，注意到下面的一点是重要的：落后国家可以不从领先国家的进步中遭受损失。例如，通过产品贸易，落后者能从技术领先者发明的新产品中受益。然而，这样一个国家将滞后于其能达到的发展水平。

这一逻辑意味着，评价知识的国际溢出的程度特别重要，考虑到95％以上的世界研发由几个工业化国家进行这一事实，评价知识的国际溢出的程度就更为重要了。例如，如果这些工业化国家进行的研发扩大了它们的共同知识存量但没有使知识传入欠发达国家，那么国际研发溢出将提供一种使富裕的北半球和贫穷的南半球趋异的主要力量。

大量的经验研究考察了这一问题。在格里利谢斯（1979）的著作的基础上，它们使用研发资本存量作为对知识存量的度量。一国的国内研发资本存量与其通常的资本存量的结构相同，即，基于一个遥远的过去的基准存量，加上扣除折旧的投资。研发资本包括研发投资，折旧被认为每年为 15％或更少。[32] 图 5 - 3 描绘了 G7 国家 1990 年国内研发资本存量与 GDP 的比率。尽管在美国、德国和英国国内研发资本存量占 GDP 的比率超过了 20％，但日本和法国国内研发资本存量占 GDP 的比率较小，意大利和加拿大国内研发资本存量占 GDP 的比率则更小。意大利和加拿大的低比率反映了图 4 - 2 证明的其对于研发的低投资水平。因此 G7 国家在国内研发资本存量上有巨大差别。在科和赫尔普曼（Coe and Helpman，1995）使用的 22 个国家的整个样本中，差别甚至更大。在 G7 国家中，平均比例低于 20％，而在其他 15 个国家中，平均比率稍低于 10％。

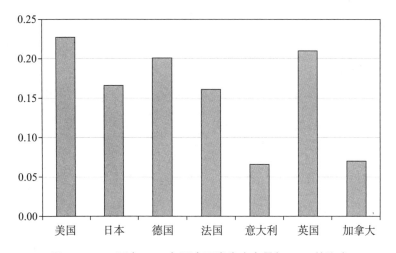

图 5 - 3　G7 国家 1990 年国内研发资本存量与 GDP 的比率

资料来源：Coe and Helpman (1995).

科和赫尔普曼（1995）估计了国内以及外国研发资本存量对其样本中每个国家生产率水平的影响。他们构造了一个外国研发资本存量，它是这个国家贸易伙伴国内研发资本存量的加权平均，使用贸易份额作为权重。这种加权方案背后的思想是，贸易伙伴在一国国际贸易中越重要，其研发的影响就越大。除了外国和国内的资本存量外，科和赫尔普曼也估计了一国外贸开放程度对其生产率的影响。他们假设贸易开放与外国研发资本存量相互作用，即，使得贸易对有较大外国研发资本存量的国家的影响较大。

这种方法使得科和赫尔普曼解释了全要素生产率水平跨国差别的将近 60%。他们发现，G7 国家全要素生产率对国内研发资本存量的弹性约为较小的工业化国家的 3 倍。从这些弹性中计算研发投资的报酬率，他们发现，较小的工业化国家为 85%，大的工业化国家为 120%。[33] 另外，G7 国家的研发对较小的工业化国家产生了额外的 30% 的回报，从而揭示了跨越国境的巨大的研发溢出。最后，科和赫尔普曼还发现，贸易开放对生产率有显著影响。越开放的经济体生产率越高，一国的外国研发资本存量越大，其生产率获益越大。[34]

科和赫尔普曼估计外国研发资本存量对全要素生产率影响的方法被科、赫尔普曼和霍弗梅斯特（Coe, Helpman and Hoffmaister, 1997）用于 77 个发展中国家。尽管这些发展中国家自己进行的研发数量可以忽略不计，但问题是：它们能否从工业化国家进行的研发中获益？科等人的研究显示，外国研发资本存量对全要素生产率的影响巨大，外国研发资本存量解释了发展中国家全要素生产率水平差别的 20%。[35]

尽管这种方法受到许多批评，但其主要的发现——贸易伙伴的研发资本存量对一国的全要素生产率有显著影响——看来是成立的。[36] 另外，其他的因素，例如外国直接投资的程度，被证实对各国受益于外国研发的程度产生了可度量的影响。[37] 凯勒（Keller，2001）把国际的研发溢出效应分解为三个部分：贸易、外国直接投资和语言技巧。他发现接近 70％的影响归因于贸易，约 15％的影响归因于外国直接投资，其他 15％的影响可归因于语言技巧。[38]

为量化研发对增长路径的影响，巴尤米、科和赫尔普曼（Bayoumi，Coe and Helpman，1999）把科和赫尔普曼（1995）以及科、赫尔普曼和霍弗梅斯特（1997）所估计的溢出效应方程并入国际货币基金组织的 MULTIMOD 模型。MULTIMOD 是国际货币基金组织用来对世界经济做中期预测的一个计量经济模型。此模型有长期的新古典特征，它覆盖了世界上最重要的地区。然而，国际货币基金组织把技术变化率看作外生的。把这些方程嵌入模型中，巴尤米、科和赫尔普曼得以把全要素生产率的增长率内生化。然后他们使用模型来模拟研发投资的各种扩张对世界上各个国家和地区的影响。

图 5 - 4 描绘了 21 个工业化国家和地区中，每一个国家和地区进行研发投资占 GDP 的 0.5％的协调的持久扩张（大约 8 年）的长期结果。美国的产出增长了 15％，而加拿大和意大利的产出扩张超过了 25％。平均来说，所有工业化国家的产出上升了 17.5％。重要的是，所有欠发达国家的产出平均来说上升了 10.6％，即，欠发达国家从工业化国家的研发扩张中得到了巨大的收益。

最终产出的增长来自全要素生产率增长和资本积累的共同作用。随着生产率提高，它促进了资本形成，这提高了资本劳动比率。两个原因都使产出增加了，其中大约 2/3 的增长直接归因于生产率，剩余的 1/3 可归因于诱导的资本积累。

令人鼓舞的是，我们看到大量的欠发达国家受益于工业化国家的研发。当用消费而不是用 GDP 单位度量时，这些获益甚至更大，

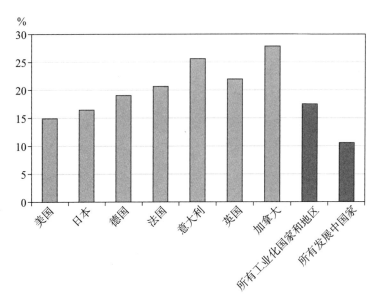

图 5 - 4　来自 21 个工业化国家和地区研发投资占 GDP 的 0.5%的
扩张的长期产出获益

资料来源：Bayoumi，Coe and Helpman（1999）.

因为工业化国家更高的研发水平带来了欠发达国家贸易条件的改善。
然而，结果也有令人沮丧的一面：研究表明投资于创新扩大了贫富
国家的差距。工业化国家的产出获益超过了欠发达国家的产出获益。
由此我们得出结论：工业化国家对创新的投资导致了南北半球国家
和地区的收入差距扩大。

【注释】

[1] 感谢阿兰·泰勒（Alan Taylor）提供了图 5 - 1 的数据。

[2] 一国的贸易条件被定义为其出口品的价格指数与其进口品的价格指数之比。

[3] 斯科特（Schott，2003）证明了各国实际上定位于不同的多样化领域。

[4] 巴格瓦蒂（Bhagwati，1958）注意到经济增长的国家会遭受其贸易条

件的急剧恶化，从而丧失从自己的增长中得到的利益。出现此不幸结果的条件是对这个国家出口的需求弹性足够低。然而，对进口需求弹性的经验估计显示，此条件在实践中不满足。

[5] 参见 Bardhan（1970）。

[6] 例如，欧文和克雷诺（Irwin and Klenow，1994）发现，在半成品行业学习会溢出到国外企业，正如它在国内企业间溢出一样。

[7] 这种观点适用于真实 GDP 的增长率。然而，由于贸易条件的变动，真实 GDP 的增长率与真实消费的增长率不同，因为真实 GDP 用 GDP 平减指数计算，而真实消费用消费者价格指数（CPI）计算，CPI 包含进口产品的价格，而进口产品的价格不包括在 GDP 平减指数中。

[8] 卢卡斯（1988）在对一个有两种商品和许多国家的世界的分析中得出了相似的结论。他指出，当两种产品间的替代弹性超过 1 时，贸易锁定了初始的专业化模式。在此情形下人均产出的增长率不会趋同。专业化于有更大增长潜力的产品的国家增长较快，专业化于其他产品的国家增长较慢。Matsuyama（1992）也建立了一个两部门模型——他解释说两部门分别代表农业和制造业——其中仅在一个部门内存在干中学，就是制造业。在此模型中，当贸易提高了制造业的相对价格时贸易加速了增长，而当贸易降低了制造业的相对价格时贸易减缓了增长。

[9] 格罗斯曼和赫尔普曼（1995）回顾了干中学和国际相互作用的有关文献，以及创新和国际相互作用的有关文献。他们讨论了我所忽视的一系列机制。

[10] 干中学也会是有目的的。当公司意识到经验影响它们的生产率时，有激励扩大它们的活动，这些活动超出了其短期盈利考虑。在此情形下公司投资于干中学。只要干中学的回报限定于公司范围，这种投资就不同于其他类型的投资。因此，有关干中学的文献和我接下来的讨论关注有外部效应的学习。

[11] 阿吉翁、哈里斯、豪伊特和维克斯（Aghion，Harris，Howitt and Vickers，2001）建立了一个模型，在这个模型中较多的竞争减少了利润，从而减少了创新激励，但是较多的竞争鼓励企业使自己远离最近的竞争，从而提高

了对创新的激励。原则上讲每种力量都可能占主导地位。然而，在阿吉翁等人的模型中，一般认为后一方面的力量有更大的影响，从而在竞争压力程度和创新与增长率之间产生了积极的联系。

[12] 当开放贸易降低了人力资本密集产品的相对价格时，人力资本变得较为便宜，研发成本下降。因此，投资于研发变得更有利可图，研发扩大了，全要素生产率增长加速。如果贸易提高了人力资本密集产品的相对价格，那么研发成本上升，研发投资下降，全要素生产率增长放慢。

[13] 贸易扩大了可利用的投入品和最终产品的种类。可利用的投入品或最终产品的扩大产生了来自贸易的获益。参见赫尔普曼和克鲁格曼（1985，chaps. 9 and 11）对这些观点的论述。

[14] 也参见 Howitt（2000）。他把这些趋同的力量整合进一个有不同的经济增长率的新古典多国模型中。

[15] 要素价格相等的结果令人回想起静态要素价格相等理论，这是 H-O 贸易理论的基石。然而，应注意在教科书所讨论的动态模型中，此结果仅适用于长期均衡。实际上，当各国开放贸易时，短期内要素价格不需要完全趋同。即使各国有相似的要素禀赋时也是这样。原因在于它们知道生产的产品数量不需要与其要素禀赋一致。但是只要研发的知识存量在世界范围内分享，对产品开发的研发投资就会导致最终产品数量与可利用的投入品一致，并会导致要素价格相等（参见 Grossman and Helpman，1991b，chap. 7）。

[16] 当两个国家在规模上差别很大，并且小国在研发知识存量上有初始优势时，大国可能接替小国作为在研发知识存量上的领导者。在此情形下初始条件不会完全决定均衡轨迹。

[17] 参见 Rosenberg and Birdzell（1986，chaps. 2 and 3）。

[18] 加勒尔和芒福德（2003）做了一个分析，其中专业化模式与人口统计学相结合。伴随欧洲人口转型和亚洲滞后增长，这种结合导致了增长趋异。

[19] 爱德华兹（1993）回顾了早期的文献。

[20] 使用进口占 GDP 的比率，或者使用进口加出口占 GDP 的比率作为对

开放的度量，所获结论相同。

[21] 在各种地理特征中，他们考虑了陆地面积、是否为内陆国、是否与贸易伙伴有共同边界。

[22] 弗兰克尔和罗默（1999）使用始于 1985 年的数据。欧文和特维奥（Irwin and Tervio，2002）把罗默等人的分析扩展到 20 世纪的其他年份并得出了类似结果，他们也注意到把与赤道的距离作为额外的地理特征包括进来后结果不明显。

[23] 在论文公开出版（参见 Frankel and Romer，1996）之前的工作论文中，弗兰克尔和罗默也检查了开放对人均收入增长率的影响。他们发现开放对增长率有强烈影响。另外，贸易对增长率的影响的估计比贸易对人均收入水平的影响的估计要准确得多。

[24] 较大的国家倾向于进行较少的外贸，因此仔细地把贸易的影响从规模的影响中分离出来是重要的。

[25] 马里的人口在 2002 年估计超过 1 100 万。塞舌尔是印度洋西部的一个群岛，它的人口在 2002 年估计为 8 万左右。参见 the CIA，World Factbook 2002，网址为 www.cia.gov/cia/publications/factbook/geos/se.html。

[26] 欧若克的样本包括发达的欧洲和非欧洲国家：澳大利亚、加拿大、丹麦、法国、德国、意大利、挪威、瑞典、英国、美国。

[27] 这些国家是：阿根廷、澳大利亚、奥地利、巴西、缅甸、加拿大、斯里兰卡、智利、中国、哥伦比亚、古巴、丹麦、埃及、法国、德国、希腊、印度、印度尼西亚、意大利、日本、墨西哥、新西兰、挪威、秘鲁、菲律宾、葡萄牙、俄国（苏联）、西班牙、瑞典、泰国、土耳其、英国、美国、乌拉圭、南斯拉夫（塞尔维亚）。感谢克莱门斯和威廉姆森为此图提供了这些数据。

[28] 1960—1961 年的狄龙贸易谈判回合未取得什么进展，但是在肯尼迪回合（1962—1967 年）中关税减少了 35%，在东京回合（1973—1979 年）中又减少了 33%，在乌拉圭回合（1986—1994 年）中对制造业贸易的关税进一步减少到仅为几个百分点。

[29] 例如，参见 Dollar（1992），Ben-David（1993），Sachs and Warner（1995）。

[30] 参见 Leamer（1988）。

[31] 除去表示要素积累的变量，所有的其他变量通过全要素生产率影响增长。尽管瓦克扎格所使用的一些变量与所期望的影响渠道密切相关，例如把政府消费占 GDP 的份额作为对政府规模的度量，但其他变量不是这样。特别令人不满的是，使用制造业的出口占总商品出口的比率表示技术转移。

[32] 推定的研发资本存量似乎对折旧率不是特别敏感。

[33] 大工业化国家的报酬率可与谢勒（Scherer，1982）所估计的报酬率进行比较。

[34] 使用来自经合组织国家的数据，伊顿和科特姆（Eaton and Kortum，1996，1999）估计了一个质量阶梯型（quality-ladder-type）增长模型，其中跨境取得专利扩散了有关思想，他们发现了显著的生产率跨国溢出。例如，在伊顿和科特姆（1996）的著作中——他们研究了 9 个经合组织国家——他们发现除美国之外的所有国家从源自境外的思想中获得超过 50％的生产率增长。排除美国、日本、德国、法国和英国——研发的领先者——外，剩余的国家从源自境外的思想中获得了超过 90％的生产率增长。最后，伊顿和科特姆发现，国家间的距离限制了思想的流动，而贸易关系扩大了思想的交流。

[35] 注意到下面的两点是重要的：各国对外国技术的"吸收能力"不同，落后国家投资于旨在提高外国技术利用的研发与领先国家的发明活动一样有益。例如，卡塞利和科尔曼（Caselli and Coleman，2001）指出，1970—1990 年计算机设备的工人人均进口各国差别很大。因为国内几乎没有此类设备的供应者，人们可以把此设备的进口解释为技术进口的指标。卡塞利和科尔曼发现，有着更好的受过教育的工人的国家有更大的进口，即，教育有助于提高吸收能力。格里夫斯、雷丁和里纳（Griffith, Redding and Reenen，2003）对此问题提供了额外的证据。他们考察了全要素生产率的增长，发现技术落后的国家试图赶上领先国家，它们对研发的投资越多，追赶的速度越快。研发帮助落后者较快地赶上前沿技术。

[36] 参见 Engelbrecht（1997），Keller（1998），Lichtenberg and van Pottel-

sberghe de la Potterie（1998）。

[37] Hejazi 和 Safarian（1999）把外国直接投资融入科-赫尔普曼分析框架，发现从外国直接投资到全要素生产率的国际溢出效应至少与从贸易到全要素生产率的溢出效应一样大。伯恩斯坦等（Bernstein and Mohnen，1998）发现美国和日本之间在高技术行业有大的溢出效应。他们估计，国际溢出效应使得投资于研发的社会回报率为私人回报率的 4 倍。

然而，并不是所有的研究都发现外国直接投资对生产率有正的影响。范（Fan，2002）做了一个全面的文献综述。

[38] 因为凯勒仅考虑了贸易和外国直接投资的构成，没有考虑它们的水平，这些估计也许有偏误。

第 6 章　不平等

　　本章将讨论收入不平等和经济增长之间的关系。在第 1 章里我们已经考察了不同国家人均收入间的不平等，并且注意到这种不平等的程度随着时间推移在不断加深。尤其是第二次世界大战以后，富裕的北半球和贫穷的南半球之间的差距越来越大。在前面的章节中，我们分析了可能导致这种发展趋势的不同机制。

　　下面我们将重点考察一国内的个人收入分配问题。我们所讨论的主要问题是：一个国家的收入分配状况会影响它的发展速度吗？反过来，一个国家的经济增长会影响它的收入分配状况吗？

　　库兹涅茨（1955，1963）指出，一个国家的个人收入分配状况可能会随着这个国家的增长路径发生系统变化。利用一些小样本数据（较早的研究中有 5 个国家，后来的研究中有 18 个国家），他发现在低收入国家中，相对富裕的国家收入分配较不平等；而在高收入国家中，相对贫穷的国家收入分配较不平等。基于此，他认为在发展的初始阶段，不断增加的人均收入导致了收入分配状况的恶化，而在发展的后续阶段，不断增加的人均收入将导致收入分配状况的改善。[1] 这就是著名的库兹涅茨曲线，它描绘了人均收入和收入分配不平等之间的倒 U 形关系。

早期的研究结果支持库兹涅茨所提出的假说。[2] 但是它们受限于数据问题，主要分析了不同国家间的差异，并没有对一国内部不平等程度随时间推移的变化进行直接分析。[3] 戴宁格和斯夸尔（Deininger and Squire，1996）建立了关于收入不平等的综合数据集。这样，研究者不仅能分析不同国家间不平等程度和增长速度的差异，还能分析一国内部两者随时间推移的变化，进而能够重新检验库兹涅茨假说。从这些研究中得出的结论似乎是否定的。也就是说，不存在库兹涅茨曲线——增长并不是首先恶化然后改善收入分配的状况。[4] 因此在这一章中，我们集中讨论增长对收入分配不平等程度的影响及不平等程度对增长的影响。

卜圭农和莫里松（Bourguignon and Morrisson，2002）研究了1820 年以来，世界个人收入分配不平等程度的变化。在列出一系列衡量不平等程度的指标后，他们写道："在过去的 172 年中，世界居民的平均收入增加了 7.6 倍。最贫困的 20％人口的平均收入仅增加了 3 倍多，较贫困的 60％人口的平均收入大约增加了 4 倍，最富裕的 10％人口的平均收入增加了大约 10 倍，同时，最贫困人口占世界总人数的比例从 1820 年的 84％下降到了 1992 年的 24％。"（2002，733）。很明显，世界经济的大幅增长分布不均衡，但收入最高和收入最低的人群均从中受益。

在众多衡量收入不平等程度的指标（如人口中收入最高的 10％与收入最低的 10％的收入的比率）中，基尼系数和泰尔指数被广泛应用。当收入公平分配时，它们都等于零，并且都随着不平等程度的加深而增大。[5] 图 6 - 1 描述了 19 世纪早期到 20 世纪后期用于衡量世界个人收入分配状况的基尼系数和泰尔指数之间的关系。如图所示，这两个指标高度相关，也就是说，它们反映了相同的变化趋势。

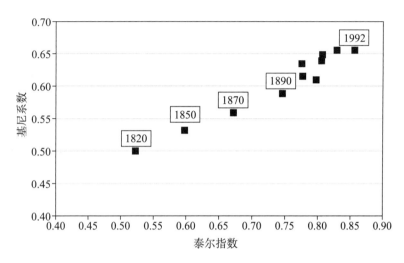

图 6 - 1   1820—1992 年衡量世界个人收入分配状况的基尼系数和泰尔指数

资料来源：Bourguignon and Morrisson（2002）.

虽然经济学家似乎更喜欢用基尼系数，但对不平等的来源进行分解时，泰尔指数更加方便。[6] 依据卜圭农和莫里松（2002）的数据，可以把个人收入分配的不平等程度分解为一国内部的不平等和国家间的不平等，如图 6 - 2 所示。首先要注意的是，不平等程度在 19 世纪迅速扩大，20 世纪时其增长速度变慢了一些。其次要注意的是，在 20 世纪前期，一国内部的不平等程度大幅下降，第二次世界大战后略微有所回升；而国家间的不平等程度在二战后迅速扩大。图 6 - 3 显示了一国内部不平等程度在总的不平等程度中所占的比例。其所占份额在 19 世纪和 20 世纪上半期迅速下降，二战后相对较稳定。这表明：在第二次世界大战以后，直至 1992 年，一国内部和不同国家间不平等的变化趋势是类似的。

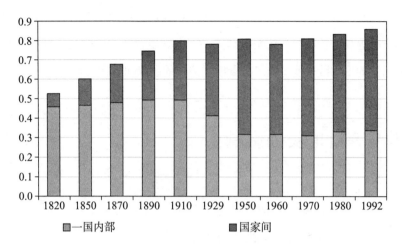

■一国内部　　　　　　■国家间

图 6 - 2　世界个人收入分配的泰尔指数：分解为

一国内部和国家间的不平等

资料来源：Bourguignon and Morrisson（2002）。

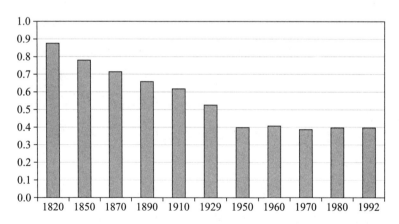

图 6 - 3　一国内部不平等占总的不平等程度的份额：对泰尔指数的一种分解

资料来源：Bourguignon and Morrisson（2002）。

对比图 6-2 和图 1-5，我们可以看到，随着世界经济的快速增长，不平等程度在 19 世纪不断上升。相反，第二次世界大战后经济的快速增长并没有导致不平等程度的大幅扩大。世界范围内总的趋势并没有显示出不平等和增长之间存在明晰的关系。但这里存在的问题是，这些具有概括性的平均数可能掩盖了发展模式清晰的国家间存在的差异。

不平等对增长的影响

一个国家内部存在的不平等会降低它的增长速度吗？对于这个重要问题，现在仅存在尝试性的回答。

一些相互冲突的力量共同决定了不平等程度和个人收入增长速度之间的关系。首先，我们来考虑储蓄。正如卡多（Kaldor，1955—1956）所说，如果利润收入者的储蓄倾向大于工资收入者的储蓄倾向，那么向利润收入者倾斜的收入再分配会提高总储蓄额。或者，如果高收入者的边际储蓄倾向大于低收入者的边际储蓄倾向，那么向高收入者倾斜的收入再分配将增加总储蓄额。[7] 这些再分配形式将扩大一国的不平等程度。但是，若增加储蓄，一国的投资将会增加，从而，GDP 的增长速度也会加快。[8] 在这种情况下，社会越不平等，它增长得越快。

其次，由于信贷约束的存在，不平等可能会阻碍一国增长。由于信息不对称或制度约束，发展中国家的资本市场是不完善的。它们限制没有有形资产的个人的借款能力，理由是这些人不能为他们的贷款提供抵押。这样，无论是物质资本投资项目还是人力资本投资项目，只要项目的成本超过这些贷款人的借款能力，他们就无法进行项目投资。在这种情形下，总的投资额受资产分布的影响。因为贫穷的个人无法投资于有利可图的项目，巨大的资产分布的不平等将降低总的投资额。资产分布越公平的社会，越多的有利可图的项目可获得资金。这样，社会越公平，投资额将越多，社会增长得也越快。[9]

最后，不平等常引起收入再分配。在经济或政治模型中，民主社会中的政治决策往往被模拟为中间投票人最偏好的政策。[10] 在不平等的社会中，因为中间投票人的收入低于社会平均数，所以他们往往偏好收入再分配政策。这样，税收和转移支付就被用来将收入从精英阶层转移到社会的弱势群体手中。这些税收和转移支付政策具有扭曲性，因而，此类再分配将减缓增长。[11]

艾莱斯那和罗德里克（Alesina and Rodrik，1994）、佩尔松和塔贝利尼（Persson and Tabellini，1994）的研究表明，对于一些国家来说，其横截面数据显示收入的不平等程度和后续的人均收入增长之间存在负相关关系。如巴罗（1991）所做的那样，艾莱斯那和罗德里克（1994）控制了初始的人均收入和教育水平，发现收入分配的基尼系数对增长速度有显著的负效应。但是，他们同时发现，当土地所有权分配的基尼系数作为解释变量被包括进来时[12]，这个效应将不再显著。换句话说，土地所有权分配的不平等在解释增长时比收入分配的不平等更加重要，同时，它将增长方程中的收入分配变为了不重要的因素。这个结论被戴宁格和斯夸尔（1998）所证实，他们采用了更精确的相关数据和更大的样本。其研究表明，不仅当土地所有权的分配被考虑进来时收入分配对增长有不显著的影响，当地区间增长速度的差异被考虑进来时亦如此。[13] 而且，即使地区间增长速度的差异两两相同，土地所有权分配不平等对增长的解释力也没被消除。[14]

艾莱斯那和罗德里克（1994）同时还研究了民主政治对增长的影响。如果通过中间投票人确定再分配形式的政治过程起作用，那么不平等在民主社会中的影响可能将非常强烈。但是，这些学者们并不能明确证实民主对不平等和增长之间的关系有显著影响。戴宁格和斯夸尔（1998）继续检验了这个问题。他们分别估计了采用民主政体和不采用民主政体的国家的数据，发现土地所有权的基尼系数对民主社会的后续经济增长没有显著影响，对非民主社会的后续经济增长有不利影响。收入的不平等程度在这两个模型中均不显著。这样，中间投票人在其中起决定性作用的再分配机制的重要性受到了质疑。[15]

巴罗（2000）提到，收入的不平等似乎依据一国的发展水平，不同程度地影响它的增长速度。他的研究表明，收入越不平等，低收入国家的增长速度越慢，而高收入国家的增长速度越快。他从中得出了一个可能的结论，即信贷约束在低收入国家是重要的，而在高收入国家则不尽然。为了检验这个假说，巴罗估计了收入的基尼系数和一国金融的发展程度对增长的影响。[16] 他发现，这些变量对增长没有显著影响。

我得出的尝试性结论是不平等将减缓增长。[17] 然而，目前这个领域所进行的研究还不能确切说明具体的作用机制。并没有令人信服的证据表明，由于中间投票人偏爱收入再分配政策，他们的偏好会阻碍经济增长；也没有证据表明，信贷市场的约束对这种关系具有显著影响。虽然我们可以利用有限的证据说明一国内部的不平等将减缓它的增长速度，但我们并不能明确指出具体的作用机制和渠道。

不平等的来源

收入不平等程度受到多方力量的作用而不断变化，经济增长只是其中的一个影响因素。即使增长改变收入分配，它影响分配的具体方式也依赖于增长的源泉。因此，分离出增长对不平等的影响是困难的，并且对它们之间的关系不能仅进行一般性的描述，还需要进行具体的分析。

工资不平等程度的变化是一个恰当的例子，它在塑造美国的收入分配格局时起到了关键性的作用。从 20 世纪 70 年代后期到 90 年代中期，美国的平均实际工资并没有太大改变，但是，其间高收入工人的实际工资上升了，而低收入工人的实际工资下降了。[18] 这种趋势反映在不断上升的"大学毕业生工资溢价"（college wage premium）中。也就是说，大学毕业生的工资相对于非大学毕业生的工资在不断上升。如图 6-4 所示，同一时期，具有大学文凭的劳动者的供给数量相对于受教育程度较低的劳动者的供给数量在大幅上升，但是，大学毕业生供给数量的相对增加并没有降低他们的相对工资。[19] 基于这些变化，总的工资分配更加不平等，如图 6-5 工资分配的基尼系数分布图所示。

高工资和低工资工人之间逐渐扩大的工资差距并不是美国特有的现象。卡茨和奥特（Katz and Autor，1999，table 10）描述了如下事实：20 世纪 70 年代后期到 90 年代中期，在大多数经合组织国家中，位于第 10 百分位与第 90 百分位的劳动者之间的工资差距逐渐扩大。事实上，美国工人的收入差距扩大了 29%，比其他国家扩大的幅度都要大。同时，英国也扩大了 27%，新西兰扩大了 15%，意大利扩大了

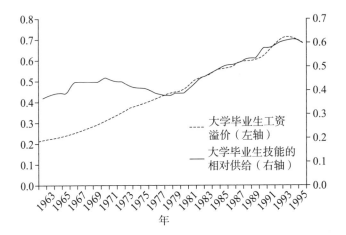

图 6 - 4　美国大学毕业生工资溢价和大学毕业生技能的相对供给

资料来源：Acemoglu（2002a）.

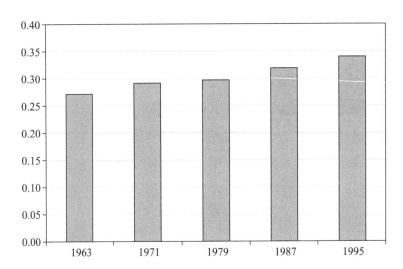

图 6 - 5　全职、全年工作的美国男女工人工资收入的基尼系数

资料来源：Katz and Autor（1999）.

14%，加拿大扩大了 9%。一些国家收入差距扩大的幅度较小，如荷兰仅扩大了 3%，法国仅扩大了 1%。只有两个国家的差距在缩小：挪威缩小了 4%，德国缩小了 6%。由此可看出，绝大多数 OECD 国家的工资分配不平等程度在扩大。

大量的文献都在试图解释这种发展趋势。[20] 其中，大多数都在集中讨论两种具有竞争性的解释：不发达国家融入世界贸易体系和新的技术变革。[21]

贸易论者指出，不发达国家有相对较多的非技术工人供给。因此，这些国家主要发展非技术工人相对密集的产业。这样，随着它们在 20 世纪 70 年代后期到 90 年代中期不断融入世界贸易体系，国际市场上低级产品的供给相对增多，这也就相应地降低了这些产品的相对价格。低级产品相对价格的降低改变了发达国家对技术工人的需求，因为此时发达国家生产技术密集型产品将获得更多利润。这种劳动力需求的转变提高了技术工人的相对工资。同时，非技术工人的工资下降。[22] 这解释了"大学毕业生工资溢价"的上升和低技能工人实际工资的下降。[23]

技术论者指出，20 世纪 70 年代后期以来出现了技能型技术变迁（skill-biased technological change）。基于数控机床的应用，生产技术大为改进，车间组织方式发生变化（得益于个人电脑及信息技术的广泛应用），加之计算机服务的相对价格快速下降，这些因素共同增加了对技术工人的相对需求。因此，技术工人的相对工资上升。[24]

克鲁格曼（1995）有说服力地提出，美国与不发达国家所进行贸易的性质和程度并不能解释美国"大学毕业生工资溢价"的大幅上升。虽然从理论上讲，不发达国家融入世界贸易体系将增加工业国技术工人的相对工资，但现存的对相关关键参数——如技术工人和非技术工人在生产中的替代弹性——的估计表明，这并不能解释所观察到的"大学生工资溢价"的大幅增加。依据克鲁格曼的观点，技术进步在其中所起到的作用更大。[25]

相反，里梅尔（Leamer，2000）认为，技能型技术变迁并不能成为正确解释，因为对一个面临着给定世界价格的国家来说，技能型技术变迁相当于技能供给的扩散，这会导致资源向技能更加密集的部门流动，但并不影响单位有效投入的报酬。也就是说，技能型技术变迁并不影响非技术工人的工资水平，它只是根据技术变化的速度成比例地提高技术工人的工资水平。里梅尔指出，对单位有效投入的相对报酬起重要作用的是技术变化的部门偏好而非要素偏好。特别是，如果技能型技术变迁或者希克斯中性技术进步只导致技术工人密集部门生产率的提高，那么熟练工人的相对报酬就会上升。如果它们导致非技术工人密集部门的生产率提高，那么技术工人单位有效劳动的相对报酬就会下降。[26]

虽然里梅尔的论点从理论上讲是正确的，但克鲁格曼（2000）指出它们的应用范围是有限的，因为它们依赖于下面的假设：技术进步并不改变世界价格。如果技术进步只在一个国家内发生，而且这个国家只占世界经济很小的一部分，那么这个假设是正确的。但是，如果技术进步是在世界范围内发生，或在总产出合计占世界产出绝大部分的工业化国家发生，价格不随技术进步变化的假设将是不恰当的。在这种情况下，技术进步对给定价格下的相对工资变化将有直接的影响，同时，通过供给变动所引起的价格变动对相对工资有间接影响。利用一个具有固定支出份额的简单两部门、两因素国际贸易模型，克鲁格曼指出，在这种情况下，两部门中的希克斯技术进步速度或许会有所不同，但它们不会改变技术工人和非技术工人单位有效劳动的相对报酬。但是，当投入的替代弹性较小时，技能型技术变迁将提高技术工人单位有效劳动的相对报酬，而不论技术进步是发生在技术工人密集的部门还是非技术工人密集的部门。

目前有证据支持技术方面的解释吗？直接的关于技能型技术变迁的证据如下：产业内技术工人的相对增多，对其支出的相对增加，会改善各种技术指标。在这些研究中，研发支出、科学家和工程师的雇佣量和对计算机技术的投资额被用来衡量技术密集度（technology intensity）。[27]但是，最显著但并不直接的证据是不同国家、不同产业技术工人相对雇佣量的变化。技术工人相对工资的增加意味着成本最小化的生产者将较少使用技术工人，进而较多使用非技术工人。这样，在技术工人相对工资提高的国家，如果不存在技能型技术变迁，我们将会看到，所有产业非技术工人的相对数量都会增加。但是，这种现象并没有出现。如贝尔曼、邦德和梅钦（Berman，Bound and Machin，1998）所描述的：

> 各国劳动力市场制度大相径庭，但有两个突出的共同特征：（1）制造业非生产性工人（即技术工人）的雇佣量在不断上升，这已成为全球性的普遍现象……它们所占的比例在 20 世纪 70 年代平均增加了 4 个百分点，在 20 世纪 80 年代平均增加了 3 个百分点。（2）在这些国家，70 年代和 80 年代对非生产性工人的新需求大都发生在产业内。（1257）

图 6－6 显示了 20 世纪 70—80 年代，产业内非生产性工人雇佣量的变化对制造业中非生产性工人雇佣比例增加的贡献。贡献按其占非生产性工人增加的百分比的份额计算。此图表明多于一半的变化都发生在产业内，而且对大多数国家来说，这个份额是明显超过一半的。[28]另外，不同国家技术工人所占比例增加的行业的相关系数一般是正的。由此可看出，工业化国家行业内的技能提升是普遍

的，这就支持了克鲁格曼的观点：技术进步在世界范围内发生。在这种情形下，克鲁格曼的分析比里梅尔的分析更适用。[29]

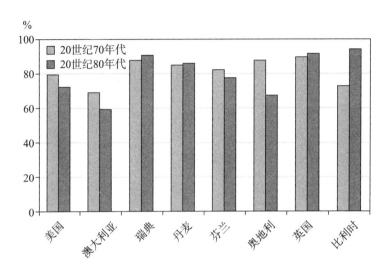

图 6-6 产业内雇佣量变化占制造业非生产性工人增加的百分比的份额

资料来源：Berman，Bound and Machin（1998）。

虽然产业内和产业间技能提升的相关研究已表明，工业国工资不平等程度之所以增加，不仅是由于其与相对不发达国家进行了贸易，而且是由于技能型技术变迁在其中起到了重要作用，但是，这些研究都没有对上面两种解释的相对重要性进行过定量分析。博尔加斯、弗里曼和卡茨（Borjas，Freeman and Katz，1997）做了这方面的计量分析。他们利用 1980—1995 年美国与不发达国家贸易增长的要素含量，计算了由贸易带来的高中学历工人供给量相对于本科学历工人供给量的隐性增加。[30]

然后，他们假定生产时二者的替代弹性为 1.4，计算了供给量改变对这两种工人相对工资的影响。计算出的相对工资变化量大约等于"大学毕业生工资溢价"实际增长量的 1/5。[31] 也就是说，依据博尔加斯、弗里曼和卡茨（1997）的估计，与不发达国家贸易的扩展能够解释 20% 的美国"大学毕业生工资溢价"的增长。其余 80% 是由其他因素造成的，如大学毕业生相对供给量的增加（见图 6－4）和技能型技术变迁。根据他们的模型，大学毕业生相对供给量的增加降低了他们的工资溢价。然而，另一个因素——移民——的作用恰好相反。也就是说，移民增加了具有高中或者更低学历的工人的供给，从而扩大了大学毕业生工资溢价。依据他们的估计，这个影响大概等同于与不发达国家的贸易额扩大所造成的影响。

芬斯特拉和汉森（Feenstra and Hanson，2003）争论说，即使仅考虑贸易内容的改变，美国与不发达国家的贸易额扩大对其工资不平等的影响也远大于 1/5。特别要指出的是，上述估计结果所隐含的假设是美国与不发达国家交换初级制成品，而实际上中间投入品的交易额大幅上升。即使产成品价格不变，中间投入品交易额的扩大也能增加大学生工资溢价。[32]

理论依据如下：贸易壁垒的降低和科技的发展使美国公司能够将其非技术工人密集的生产活动转移到不发达国家。[33] 首先转移的是技术工人最不密集的生产活动。因此，美国技术工人的相对需求增加，这就抬高了大学生工资溢价。而且，美国技术工人最不密集的生产活动所雇用的技术工人比例仍旧比不发达国家的平均比例要高，这样就使得此类生产活动的转移增加了不发达国家对技术工人的相对需求。类似的情况也适用于其他工业化国家。因此，南半球和北半球的技术工人溢价都增加了。[34]

利用美国制造业间的差异，芬斯特拉和汉森（2003）估计了以下两种因素对技术工人相对工资增长的贡献：一是美国购买的外国中间投入品数量（他们通常称之为"外购"），二是计算机在资本总额中所占比重（测量技术先进性的一种方法）。研究表明，计算结果对计算机价值的估算方法是很敏感的。他们写道：

> 1979—1990 年，外购对非生产性工人相对工资的增长贡献了15％，按事后偿付的租赁价格所衡量的计算机价值对增长贡献了35％；这样，计算机的重要性是外购的两倍。当计算机的价值按事前支付的租赁价格衡量时，外购的作用大约占了25％，同时计算机可解释20％的工资上升。最后，当计算机价值占资本总额的比例用计算机价值占投资额的比例代替时，外购的贡献几乎下降到了10％，而计算机的贡献比例大幅上升，以至它几乎可以完全解释相对工资的增长。(Feenstra and Hanson，2003，173)

虽然生产的国际分工对技术工人相对工资的增长贡献很大，但技术进步更为重要。因此，我们可以得出结论：技术进步在工资不平等的发展过程中起了主导作用。[35]

最后，亦有证据表明，资本积累扩大了工资不平等程度。这个论据的提出是基于以下观点：在生产过程中，资本和技术工人互相补充和促进，而资本和非技术工人相互替代。也就是说，资本和技术工人的替代弹性很小，而资本和非技术工人的替代弹性很大。[36]在这种情形下，资本积累提高了技术工人的边际产出，而降低了非技术工人的边际产出。因此，资本积累可以解释大学毕业生工资溢价的上升和非技术工人实际工资的下降。

克鲁塞尔和同事（Krusell and colleagues，2000）沿着上面的思路进行了以下研究：把资本分解为设备和厂房，然后构建了一个模型。在这个模型中，资本设备是对受过教育的工人的补充，对未受过教育的工人的替代。他们利用美国的数据对这个模型中的变量进行了估计，发现这个模型较好地拟合了 1960—1990 年这 30 年间美国相对工资的变化。从这个角度看，资本积累能够解释绝大部分工资不平等程度的扩大。[37]

然而我们需要注意，这个结论之所以成立，是因为在工资差距不断扩大的时期设备价格快速下降，这导致购买的设备数量不断上升。而设备价格的下降可以说是技术进步的结果。[38] 因此，对这些结论的一种可能解释是：资本设备使技术和技能的互补性得以实现。这个解释与戈尔丁和卡茨（1998）的发现一致，他们认为 20 世纪大部分时期发生的技术进步都是对技能的补充。

此外，克鲁塞尔和他的同事的观点受到了鲁伊斯–阿兰斯（Ruiz-Arranz）的挑战。她把设备分解为信息技术设备和非信息技术设备，并估算了一个半对数生产函数（translog production function）。这个函数比克鲁塞尔等所建立的公式包含了更灵活的要素替代形式。而且，她发现资本与技能间的互补性又存在于 IT 资本与技能间，非IT 资本和技能间并不存在互补性。由此可看出，IT 设备数量的快速增长增加了技能溢价，而非 IT 设备数量的快速增长则缩小了技能溢价。IT 设备的积累是与技术进步相关联的，因此上面的研究结果表明：技术进步导致了技术工人和非技术工人之间的工资差距不断扩大。[39]

阿西莫格鲁（1998）提出了一种机制以描述技术工人相对供给量不断上升的国家如何产生技能型技术变迁。并且，这种机制有助于解释工资差距的变化。在模型中，技术进步可分为与技术工人共同起作用的要素的改进，以及与非技术工人共同起作用的要素的改进。这样，技术工人相对供给的增加有两种效应。一方面，它增加了技术密集型产品的相对供给，相应地降低了它们的相对价格。这也就减弱了人们改进与技术工人共同起作用的要素的动力。另一方面，更多的技术工人供给有正的规模效应，改进与技术工人共同起作用的要素更加有利可图。这就增强了人们改进与技能相关的要素的动机。总而言之，规模效应占主导，技术工人相对供给的增加有助于产生有利于技术工人的科技进步。[40] 阿西莫格鲁（1998）证明了国际贸易导致了类似的影响。因此，如伍德（Wood，1994）所争论的那样，国际贸易能通过其所引致的技术进步影响相对工资。遗憾的是，目前还没有学者对这种影响的大小进行过令人满意的估计。

贫困者

增长对社会最贫困人口的影响一直是充满争议的。到底是如一些人所认为的，增长对贫困者不利呢？还是如另外一些人所争辩的，增长使社会各阶层都受益呢？

从图 6-1 我们已经看到，从 19 世纪上半期开始，世界人口的人均收入分配越来越不平等。这个趋势也被世界上最贫困的 20% 人口收入所占份额的不断下降所证实，如图 6-7 所示。这个图显示了最贫困的 20% 人口的收入份额从 1820 年的 4.7% 下降到了 1992 年的 2.2%。最明显的下降发生在 19 世纪，第二次世界大战后只有较小的变动。

然而，这种类型的数据只描述了穷人相对状况的改变，它们并没有对穷人的境况进行完整的描述。人们仍然会问：衡量实际收入的指标所反映的贫困状况是不断好转还是不断恶化呢？图 6-8 描述了两种此类指标的变化，一种是全世界每天的生活支出少于 1 美元的人口所占的比例，另一种是全世界每天的生活支出少于 2 美元的

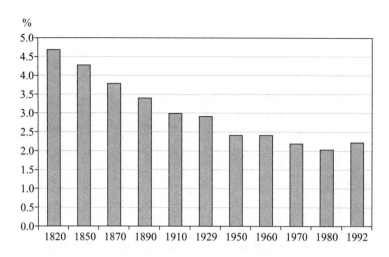

图 6 - 7　世界上最贫困的 20%人口收入在总收入中所占的比重

资料来源：Bourguignon and Morrisson（2002）.

人口所占的比例，这里以 1985 年的价格衡量 1 美元的购买力。[41]
这两个指标都随着时间的推移不断下降，特别是最贫困人口也就是
每天的生活支出少于 1 美元的人口所占的比例在第二次世界大战后
快速下降。[42] 也就是说，黄金时代的经济增长使贫困人口的数量
大幅减少。

　　贫穷程度降低所影响的人口数量是令人吃惊的。根据萨拉-伊-马
丁（2002），1970 年 13.24 亿人每天的生活支出少于 2 美元，5.54 亿
人每天的生活支出少于 1 美元。在 1970—1998 年，每天的生活支出少
于 2 美元的人数减少了 3.5 亿；生活极端贫穷、每天的生活支出少于 1
美元的人数下降了 2.01 亿。并且，在此期间世界人口在快速增长。

　　拥有世界 1/3 人口的中国和印度的经济快速增长对世界贫困人
口的减少做出了巨大的贡献。[43]萨默斯-赫斯顿（Summers-Heston,
PWT 5.6）表明，1980—1992 年中国的人均实际收入以年均 3.58%
的速度增长，印度的人均实际收入以年均 3.12%的速度增长。这两

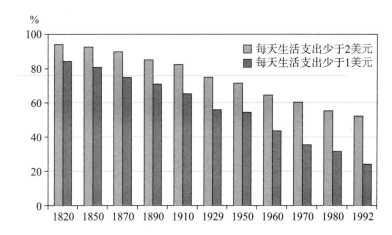

图 6-8　每天生活支出少于 1 美元和 2 美元的人口所占的比例

资料来源：Bourguignon and Morrisson（2002）.

个增长速度比同时期美国 1.33％的增长速度高出很多。根据库阿
（Quah，2002）的估计，在中国，每天生活支出少于 2 美元的人口比
例从 1980 年的 37％～54％下降到 1992 年的 14％～17％；在印度，
从 1980 年的 48％～62％下降到 1992 年的 12％～19％。然而，同时
期中国的人口从 1980 年的 9.81 亿上升到 1992 年的 11.62 亿，印度
的人口从 1980 年的 6.87 亿上升到 1992 年的 8.84 亿，中国的贫困
人口从 1980 年的 3.6 亿～5.3 亿下降到了 1992 年的 1.58 亿～1.92
亿，印度的贫困人口从 1980 年的 3.26 亿～4.26 亿下降到了 1992 年的
1.1 亿～1.66 亿。中国和印度的经济增长都伴随着贫困人口的大幅减
少。这个现象是这些国家特有的，还是具有更一般的普遍性呢？

　　多拉尔和克拉伊（Dollar and Kraay，2002）的研究表明，中国
和印度并不是特殊的例子。对大样本的多国战后数据的研究表明，
一个国家最贫困的 20％人口的人均实际收入几乎与这个国家全部人
口的人均实际收入同步变化。这个关系是非常密切的，如图 6-9 所

示。[44] 多拉尔和克拉伊还指出，这些变量的增长率之间几乎存在
1∶1 的关系，虽然由于数据的限制，只能用较少国家的数据估计这
种关系。最后，他们检验了影响一国增长率的特定变量对穷人平均
收入的影响。他们发现，这些变量对穷人的实际收入并没有不成比
例的影响。也就是说，这些变量对收入分配的影响是正交（orthogo-
nal）的，它们影响穷人的方式与影响普通人口的方式相同。[45]

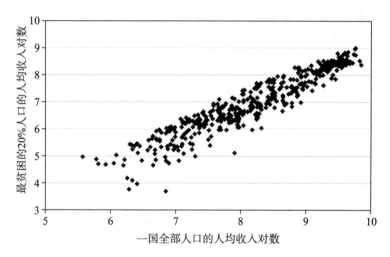

图 6 - 9　在 137 个国家和地区中，最贫困的 20%人口的人均

收入与一国全部人口的人均收入之间的关系

资料来源：Dollar and Kraay（2002）.

　　总而言之，虽然此类多国研究并不能说明增长成比例地增加各
阶层的收入，但是并不难发现，平均来说，经济增长提高了世界贫
困人口的收入。[46] 当然也存在如下情况：一些国家经济增长时贫困
人口的状况并没有好转，如 20 世纪 70 年代中期到 90 年代中期的美
国。但是这里存在的问题是：联系增长和收入分配的机制是什么呢？
其中哪些因素更重要呢？经济体系能以促进增长，尤其是促进贫困

人口收入增长的方式组织吗？在这个过程中制度起什么作用呢？哪种具体的经济和政治制度是最重要的呢？这些问题都尚未解决。在探索它们的过程中产生的一些难点问题将在下一章中讨论。

【注释】

[1] 库兹涅茨利用最富裕的 20％人口和最贫困的 60％人口所占的收入份额来衡量收入不平等程度。最富裕人口所占的收入份额越大，同时最贫困人口所占的收入份额越小，收入越不平等。

[2] 参见 Paukert（1973）对 56 个国家和地区进行的研究。

[3] 林德特和威廉姆森（Lindert and Williamson，1985）利用一些欧洲国家和美国的历史数据进行小样本检验，并没有发现库兹涅茨曲线。

[4] 参见 Deininger and Squire（1998）及 Lundberg and Squire（2003）。

[5] 但是，它们的上限不同。基尼系数有一个固定上限，而人口越多，泰尔指数的上限越大。

[6] 参见卜圭农（1979）对不平等程度的衡量指标的可分解性的分析。孔塞桑和费雷拉（Conçeicão and Ferreira，2000）对泰尔指数的可分解性进行了分析，并把它应用于世界的收入分配分析。

[7] 戴南、斯金纳和泽尔德斯（Dynan，Skinner and Zelds，forthcoming）发现美国的边际储蓄倾向随着个人一生总收入的增加而上升。但是施密特-赫贝尔和瑟温（Schmidt-Hebbel and Serven，2000）利用横截面数据发现，不同国家间收入不平等和总储蓄之间并没有统计上显著的关系。

[8] 这个结论对于没有国际资本流量限制的小国来说需做修改。当一经济体较大或其在国际资本流动方面存在摩擦时，较高的国内储蓄额将增加国内投资额。

[9] 加勒尔等（Galor and Zeira，1993）首次对存在信贷约束时不平等和增长之间的关系做了分析。他们把投资项目假定为不可分的。后来的研究表明，

这个机制同样适用于投资项目可分时的情况，参见 Piketty（1997），Galor and Moav（forthcoming）。

[10] 中间投票人的偏好在政策目标单一（如确定教育预算的规模或关税的水平）时最容易确定。所谓中间投票人是指这样一位投票人：高于他偏好值的人数和低于他偏好值的人数正好相等。当每个投票人有明确的最优选择且偏好是单峰形时，反映中间投票人意愿的那种政策在两方竞争中会最终获胜。而且，在这种情况下，两个候选人在竞选时都倾向于提出中间投票人所偏好的政策。这些富有洞察力的预见被用来说明在民主社会中，最终会选择中间投票人最偏好的政策。然而，很多学者的研究表明，当构造的决策模型更贴近现实时，结果会有很大程度的偏离。参见格罗斯曼和赫尔普曼（2001，Part Ⅰ）对这些问题所做的综述。

[11] 值得注意的是，这种扭曲并不一定会降低增长速度。它们可能只会降低实际收入水平。基于此，特殊类型的扭曲性政策才能降低增长速度。

[12] 佩尔松和塔贝利尼（1992）也表明，土地分配的基尼系数对增长有不利影响。

[13] 它们利用了拉丁美洲、非洲和亚洲的地区虚拟变量。

[14] 佩洛蒂（Perotti，1996）也认为收入不平等对经济增长会产生微弱的不利影响，但是福布斯（Forbes，2000）利用面板数据和固定的国家效应进行估计时，发现短期和中期内的收入不平等有利于经济增长。

[15] 对于收入分配的基尼系数和土地分配的基尼系数都能获得的样本国家来说，戴宁格和斯夸尔所测量的两者之间的相关系数是 0.39。由此可看出，这两个测量指标之间只是中等程度相关。

[16] 这个指标等于广义货币总和 M2 除以 GDP。M2 包括货币供应 M1 和银行体系中其他流动性较弱的存款（储蓄和小额定期存款、商业银行的隔夜回购、非机构所有的货币市场账户余额）。M1 包括公众持有的硬币和纸币、旅游支票、支票账户余额、可转让提款账户、自动转账账户和信贷协会中的余额。

[17] 班纳吉和迪弗洛（Banerjee and Duflo，2003）限定了得到这个结论的

重要条件。他们有力地说明了以前研究中所采用的不平等和增长之间的线性关系是错误的。而且数据显示，不平等状况的改变会延缓增长。

[18] 可参见 Acemoglu（2002a）。当把官方公布的 CPI 指数作为调整指标时，非技术工人实际工资的下降程度是很大的。但是，若如博斯金委员会所建议的那样对生活质量进行 1‰ 的调整，可看到低技能工人的实际工资大致保持不变。

[19] 在此图中，大学毕业生技能的相对供给被定义为具有大学及同等学力的人工作的周数除以没有大学学历的人工作的周数；同时工资溢价被定义为大学生工资与非大学生工资相除所得结果的对数。在此感谢阿西莫格鲁为此图提供了数据。

[20] 参见 Katz and Murphy（1992），Katz and Autor（1999），Acemoglu（2002a，2003）。

[21] 这些文献中包括的其余解释有：大学毕业生相对供给量的增速在减慢（Katz and Murphy，2002）；劳动市场制度的改变削弱了工会的作用（DiNardo，Fortin and Lemieux，1996）；技术进步的加速暂时增加了对技术工人的需求（Galor and Tsiddon，1997；Caselli，1999）。也可参见 Aghion，Caroli and García-Peñalosa（1999）。

[22] 依据我们熟知的贸易理论，在规模报酬不变的两部门、两要素经济中，一种商品相对价格的上升将提高生产它时密集使用的要素的实际报酬，降低生产另一种商品时密集使用的要素的实际报酬。这就是著名的斯托尔珀-萨缪尔森定理。参见 Stopler and Samuelson（1941）。

[23] 参见 Wood（1994）和 Leamer（1998）。

[24] 参见 Katz and Murphy（1992），Krugman（1995），Katz and Autor（1999）。在封闭的经济体中，技能型技术变迁增加了技术工人的有效供给。技术工人有效劳动量的增加将降低每单位有效劳动的报酬。报酬减少的幅度虽与供给量增加的幅度成正比，但报酬减少的幅度要小。因此每个技术工人（拥有更多单位有效劳动）的实际工资上升。在这种情况下，非技术工人的实际工资

并没有下降，除非大量技术工人的供给降低了他们的边际生产率。博德里和格林（Beaudry and Green，2003）建立了一个三要素、两技术模型，推测出人力资本对非技术工人的工资有负效应。在他们的模型中，投入的要素为非技术工人、人力资本和物质资本。两种技术分别为旧技术和新技术。当新技术与旧技术相比明显是技能密集型时，非技术工人的实际工资将下降，尤其当新技术使用人力资本和物质资本，而旧技术使用非技术工人和物质资本时。在这种情况下，人力资本的增加将导致物质资本从旧技术流向新技术。因此，非技术工人在运用旧技术的生产过程中使用更少的资本，这导致了他们工资的下降。卡塞利（1999）进行了类似的论述。

[25] 考察期间技术含量较低的产品的相对价格下降幅度对贸易论是至关重要的。下降的幅度是大还是小呢？虽然对这一问题存在一些争论，但绝大多数的证据表明相对价格变动的幅度与解释相对工资变动所需的幅度相比仅仅是适中的。劳伦斯和斯劳特（Lawrence and Slaughter，1993）认为只有很小的价格变化，里梅尔（1998）则提供了相反的观点。斯劳特（2000）对这方面的证据做了较好的综述。

[26] 这些结果可通过国际贸易理论中标准的 H-O 模型获得。

[27] 可参见 Berman，Bound and Griliches（1994）；Autor，Katz and Krueger（1998）。

[28] 我之所以把挪威、日本和联邦德国从图中排除，是因为这些国家都少了一个十年的数据。挪威没有 20 世纪 80 年代的数据，其 20 世纪 70 年代的份额是 81％。日本没有 20 世纪 70 年代的数据，其 20 世纪 80 年代的份额超过了 100％。联邦德国没有 20 世纪 80 年代的数据，其 20 世纪 70 年代的份额是 93％。我同时排除了卢森堡，因为其在 20 世纪 80 年代的数据超过 100％。

[29] 这个观点获得了梅钦等（Desjonqueres，Machin and Van Reenen，1999；Berman and Machin，2000）的支持。他们认为产业内技能的提升在发展中国家是普遍的，但并不包括那些最贫困的国家。梅钦等指出，例如，在巴西、智利、哥伦比亚、厄瓜多尔和巴基斯坦，产业内技术工人雇佣量变化占技术工

人增加百分比的份额超过80％，印度的较低，只有38.4％。他们同时表明产业内技术工人雇佣比例的变化与不断上升的从不发达国家的进口额无关，这损害了贸易论的有效性。

[30] 贸易的要素含量包括体现在贸易净流量中的各种投入要素数量。为了计算隐含的工资变化，博尔加斯、弗里曼和卡茨（1997）把这些投入数量作为要素禀赋的隐含变化。这一方法在克鲁格曼（2000）的假设下可行，而在里梅尔（2000）的假设下不可行。在这个问题上我同意克鲁格曼的观点。然而，我认为这些计算之所以只是粗略的估计并不是由于它具有理论缺陷，而是由于测量每单位产出的要素投入量较困难。为了克服这个困难，博尔加斯、弗里曼和卡茨（1997）检验了这些结果对要素密集度测量方法的各种假设的敏感度。

[31] 卡茨和默菲（Katz and Murphy，1992）对替代弹性进行了估计。估计结果并不确定，存在一定的变动范围，但1.4在可接受的范围内。

[32] 芬斯特拉和汉森（1996，1999）描述了他们的理论论据和实证分析逐步发展的过程。

[33] 这里我想补充的是，两种观点——生产过程的分割是由技术发展造成的和它是由贸易壁垒降低造成的——一样值得重视。它们都很重要。因此我认为芬斯特拉、汉森提出这个观点不纯粹是基于贸易方面的考虑，而是基于贸易和技术两方面的考虑。

[34] 低技能生产活动向南半球的转移可以通过外国直接投资或公平贸易实现。20世纪80—90年代这两种外资引进方式都在增长。虽然芬斯特拉和汉森在他们的早期研究中强调直接投资方式，但芬斯特拉和汉森（2003）认为贸易途径也很重要。对贸易途径所做的有趣分析同时可参见 Trefler and Zhu （2001）。

[35] 需注意的是，不同研究采取不同的方法衡量技术工人的相对工资。最恰当的衡量方法是用教育水平高于某个起点的工人的平均工资除以教育水平较低的工人的平均工资，但是这种分析所需的数据不易获取。因此，研究者常用如下方法代替：非生产性工人的平均工资除以生产性工人的平均工资。这种测

量方法假定非生产性工人比生产性工人受到了更好的教育。

　　[36] 格里利谢斯（1969）最早提出了这种差异，很多学者在他的基础上进行了研究。

　　[37] 博德里和格林（2003）对美国和德国进行比较后，得出了类似的结论。

　　[38] 参见 Greenwood，Hercowitz and Krusell（1997）。

　　[39] 乔根森（日期不详）重新估计了七国集团各个国家的 IT 设备对其增长的影响。他发现若使用适当调整过的数据，1995—2000 年的 IT 设备投资不仅加快了美国的经济增长，而且加快了七国集团内其他国家（意大利除外）的经济增长。还可参见乔根森（2001）对美国 IT 设备发展的讨论及文中提出的估计 IT 设备影响的方法。

　　[40] 参见 Acemoglu（2002b）。

　　[41] 这是由世界银行建立的衡量贫困的标准方法。

　　[42] 贫困指标的精确数据对数据集和测量方法都是很敏感的。它们对研究者采用的收入分配分布方式尤其敏感，例如是采用连续分布还是粗略的测量如十分位法。后一种方法的典型假定是：位于同一组的所有个体具有相同的工资水平，如卜圭农和莫里松（2002）所做的假定。但是，这些贫困指标的时间趋势对测量方法并不敏感，参见萨拉-伊-马丁（2002）对这些观点所做的论述。同时，萨拉-伊-马丁根据整体收入分配做了从 1970 年到 1998 年的一组估计。他测量出的数据比卜圭农和莫里松的测量结果要小。卜圭农和莫里松估计，在 1992 年，51.3% 的世界人口每天的生活费用不足 2 美元，23.7% 的世界人口每天的生活费用不足 1 美元。而萨拉-伊-马丁（2002）估计，在 1992 年 23.9% 的世界人口每天的生活费用不足 2 美元，8% 的世界人口每天的生活费用不足 1 美元。

　　[43] 特定时期拉丁美洲经济的增长对贫困人口的减少也起到了作用，而同时期非洲的负增长增加了贫困人口。不同地区的贫困发展趋势差别很大，参见萨拉-伊-马丁（2002）的论述。

［44］此图由 137 个国家和地区的 418 个变量所形成。但是，不同国家的变量个数并不相同。一些国家仅有一个变量，而另外一些国家有很多变量。每个国家的平均变量数为 3 个。在此感谢克拉伊为此图提供了数据。

［45］其中一些变量我已经讨论过，如前面章节所论述的由关税水平和贸易量等所衡量的贸易开放度。

［46］参见 Deininger and Squire（1996），Ravallion and Chen（1997）。

第 7 章　制度和政治

考虑投入要素的积累之后，不同国家的人均收入之间仍存在较大差异。一半以上的人均收入差异——甚至更多的人均收入增长速度差异——都是由全要素生产率的不同造成的。不同国家全要素生产率水平的差异为何这么大呢？不同国家全要素生产率的增长速度又为何不同呢？

如我们第 4 章和第 5 章所讨论的那样，研发投资可以解释很大一部分差异，尤其是工业化国家间的差异。工业化国家的从自己的研发投资中直接受益，并从其他工业化国家的研发投资中间接受益。相反，发展中国家的研发投资较少，其主要从工业化国家的技术革新活动中获益。所有国家的累积努力共同扩展了世界的技术边界。这有区别地改变了处于不同发展阶段的国家的机遇，从而也改变了它们全要素生产率的增长速度。发达国家为了推动技术领域的发展不得不进行革新，不发达国家通过追赶新技术而促进生产力发展。[1]

然而，考虑资本积累和研发投资后，很大一部分增长差异仍不

113

能被解释。这又是为什么呢？

莫基尔（2002）详细地描述了知识积累如何促使西方国家转变为现代经济体。然而，如果没有鼓励知识积累和知识应用的制度，这种转变就不可能发生。不仅产权需要保护，现代化进程本身也需要防止利益将受到损害的那些利益集团所做的抵抗。在这种情况下，政治制度发挥了相当重要的作用，它们决定了改革的支持者和反对者之间的斗争态势，从而影响了一国技术革新和应用的能力。

如亚当·斯密在很久前提出的那样，产权保护有助于促进资本的积累。这同样适用于知识的积累。如果产权得不到保护，资本形成、土地开发和研发投资都不大可能发生。基于此，促进法规形成、保证合同执行和限制统治者权利的制度对经济发展都是很重要的。这些制度保护个人免受其他人和国家的侵害。[2] 詹科夫、格拉泽和他们的同事（Djankov，Glaeser and colleagues，2003）写道："政府能够保护私有产权免受其他人侵犯，但政府自身也可能侵犯私有产权。"因此，制度设计过程就充斥着控制无序和限制行政长官权力这两个目标之间的冲突，也就是他们所描述的"无序和专制"之间的冲突。这就产生了一种权衡，它对商业活动的控制有着重要含义："我们认为四种控制专制和无序的策略——私人秩序、私人诉讼、监管和国家所有制——能表示为社会制度可能性边界上的点。它们依据官员权力的递增（相对于私人而言）而顺次排列。"（6）在无序和专制的权衡关系中，制度和政治是不可分割的。它们共同决定一国积累、改进和采用新技术的能力及其面临技术变迁时的重组能力。而它们所决定的经济政策或促进或阻碍经济增长。

历史演变

诺思（1981，1990）分析了整个历史过程中制度发展对经济增长的贡献。在他看来，一万年前发生的石器革命彻底改变了人类进步的速度。定居的农业需要产权保护制度，这使得新的组织形式必须出现。开始时，财产权是公有的，但是随着时间推移，它们也在变化。国家和个人财产权的划分在经济发展中起到了相当重要的作用。同时，政治体系也开始出现，国家成了影响古代社会发展的重要力量。国家伴随着一系列维持其内部结构的规则出现，而且建立了强制性力量以执行这些规则。并且，国家把产权明晰化，这在市场机制的发展中起了至关重要的作用。罗马帝国时期，财产权被写进了罗马法。

罗马帝国的灭亡产生了可怕的经济后果。但是，它仅仅代表了西方社会中一次重要的技术进步、组织变革和经济增长的断裂。西方历史中充斥着绝对和相对意义上民族和帝国产生及衰败的例子。衰落是很值得研究的，因为它们是由制度或组织的失败所引致的。诺思认为（1981，59），组织成功或失败直接导致了社会进步或倒退。技术知识是成功的必要条件，而非充分条件。

诺思（1981，159-160）同样把工业革命视为重要的制度和组织变革。虽然西方革新速度的加快早于人们通常所认为的工业革命的日期，但是，较明晰的产权完善了市场机制的职能。也正是市场规模的扩大促进了专业化和劳动分工，加快了从创新中获益的速度。[3] 在这个过程中，交易成本增加，组织结构随之变化以降低交易成本。正是这种科学与技术的结合，为 19 世纪后半期的经济革命铺平了道路。这次经济革命产生了促使西方世界空前发展的关键性知识。此时的发展包括：快速的人口增长、较高生活水平的获得、农业相对于制造业份额的下降、大规模的城市化和持续的技术进步。

诺思（1990）通过与博弈的类比描述了制度与组织的不同：制度是博弈规则，而组织是博弈的参与者。参与者包括由于相同的利益而结合在一起的经济、社会、政治或教育组织。这些组织作用的变化受博弈规则的影响。但是，参与者也反过来影响规则的演变。[4]

格雷夫认为，诺思为制度所下的定义太狭隘了。他提出了一个更广泛的、具有替代性的定义。这个定义不仅包含了诺思所下的定义，而且包含了被社会学家和政治学者普遍采用的其他定义："制度是制度要素的组合，要素共同作用形成了授权、引导和激励行为的规则。"在这里，制度要素是人为的、非自然的因素，它们对于行为受其影响的个人来说是外生的。显然，制度要素包括组织。[5] 因此，我们可以把制度看成规则、信念和组织的集合。规则协调人们的行为而且使人们不需要过多信息就能开展有效率的行动。信念的重要性体现在以下两个方面：首先，即使是处在正式制度中的人，要使他们遵守规则也需对他们进行激励。其次，一些制度是非正式的，只有当人们相信行动能带来明确的报酬或惩罚时，这些制度才能存续下去。人们之所以愿意遵守规则、选择被期待的行为，是因为这是他们在既定的制度结构下能够做出的最优反应。

格雷夫强调了制度的特定情境分析（context-specific analysis）的重要性。特定情境分析是重要的，因为在给定情况下，可能存在多个制度均衡解，也就是说，在特定环境下，多种不同的制度可能出现。

这样，历史前后细节的分析将有助于阐明特定历史环境下具体制度产生及维持的原因，因为对历史的路径依赖是影响制度演进的重要因素。

格雷夫关于制度职能的分析是非常新颖的，他把复杂的博弈理论与历史细节分析结合在了一起。这方面的大部分研究成果总结在他的代表作《制度：理论与历史》（日期不详）一书中。不过，他最基本的研究方法体现在 1993 年的著作中。在那篇文章中，他研究了 11 世纪在地中海附近活动的马格里布商人如何形成了民间制度（private institution）。[6] 这些商人是犹太移民的后裔，他们的祖先在 10 世纪由于政治原因从巴格达移居到北非地区。他们由于共同的文化信仰和密切的家族联系形成了一个紧密的团体。其中一些人做了商人，另外一些人做了商人的代理人。海外代理人为商人提供贸易相关服务，在较远的地方代表委托人的利益进行商业活动。

有记载表明，马格里布商人进行商业活动时使用代理人是一种惯例。[7] 但是商人并不能直接控制与他们相隔很远的代理人。另外，法律制度只具有有限的执行能力，并且大多数代理关系并不是建立在法律契约之上。那么这些关系是怎样维系的呢？

依据历史证据，格雷夫把马格里布商人的成功归结为他们建立了一种制度，这种制度成功地解决了内含在任何委托代理关系中的诚信问题。马格里布商人形成了只由它们团体内的商人组成的联盟，联盟采用一套文化信念规则作为商人守则以约束代理人。在商人联盟内，信息能够快速传递。一个不遵守守则的代理人被认定为是不诚实的，并且他不诚实的信息会在联盟内迅速传播。这样，这个不诚实的代理人将在很长一段时间内不被他所欺骗的商人雇用，也不被联盟的其他成员雇用。这种多边惩罚策略使欺骗的成本变得很高，尤其是当马格里布联盟以外的商人对代理人都没有吸引力时。[8] 这个例子描述了有利于经济活动的制度如何产生及如何实现其职能。同时，它体现了制度对历史的路径依赖，因为这种制度的产生是由于马格里布商人的祖先迫于政治原因从巴格达移居到了北非。

虽然马格里布商人建立的制度使他们能够通过代理人扩大贸易范围，但是非人格化交易（impersonal exchange），也即不依赖于私人关系的交易的范围在这种制度中受到很大的限制，同时这种交易所能跨越的地理范围也很有限。但是，大量非人格化交易的扩展对中世纪后期即11—14世纪所发生的商业革命是至关重要的。形成有利于实施非人格化交易的制度是这次商业革命的主要内容。因为当时的法律制度并不完善，法院的权威性也仅受到当地社团的承认。并且，即使法院存在，它也不是不偏不倚的。由于受到当地（乡村或城市里的）上层人士控制，它倾向于歧视外来者。格雷夫分析了在这种环境下社团责任制（community responsibility system）的出现。这是一种契约执行机制，被用来维护不同社团成员间的非人格化交易。

在中世纪后期，许多欧洲社团成员的隶属关系明确并且这些社团实行自治。这样，识别各交易方所属的社团是可能的。根据社团责任制的规定，社团要为其每一个成员的行为承担责任。这也就是说，如果某个社团的成员作为交易一方欺骗了另一个社团的成员，那么这个社团的所有成员都要为他同伴的不当行为负责任。它隐含的实际含义是：犯罪者所属社团的所有成员都能被要求赔偿犯罪者所造成的损失。如果犯罪者所属社团的一个成员恰好在受骗者所属社团的辖区内，他就可以被当地法院起诉，并且他当时拥有的财产如货物可以被没收。在这种情形下，社团均有强烈的动机督促它的每一个成员在与其他社团的成员交易时遵守规则。因此，任何一个当地社团都严格履行其成员对其他社团的成员所做的承诺。[9]

格雷夫建立了一个重复博弈模型,在这个模型中社团责任制是个均衡结果。他利用英格兰和佛罗伦萨的历史事实来支持他的模型。同时,他指出法国香槟地区中世纪大型集市(Champagne's great medieval fairs)的组织结构利用了社团责任制的优势。

贸易组织的完善,或者更为一般地说经济活动组织的完善,与技术进步同等重要。如果我们能够获得测算中世纪全要素生产率的具体数据,我们很可能会发现马格里布商人的制度改进或社团责任制的形成导致了其全要素生产率的增长。然而,我们无法获得这方面的数据,因此,也就无法测量制度变迁对经济增长的具体贡献。但是正如我们在第 5 章所看到的,市场一体化对经济增长是重要的,那么进行如下分析,即分析非市场制度及它们与市场一体化之间的关系,可能更有助于我们理解经济增长的过程。

法律起源

法律制度在所有权的保护方面起到核心作用。然而,不同国家的法律制度是不同的,这直接影响到一国经济的具体职能。格拉泽和施莱弗(Glaeser and Shleifer,2002)研究了英国普通法和法国大陆法这两种世界上最普遍的法律体系的演进。他们写道:"大陆法依存于职业法官、法典和书面记录,普通法依存于陪审团、更广泛意义上的法律原则和口头辩论"(1193)。他们提出,法庭面临的维护强势诉讼人利益的压力越大,法律体系中央集权化的需求就越强。虽然中央集权化能减少无序,但它赋予了中央太多的权力。进一步说，在中央控制的有序环境下，一个分权的法律体系更易实现；而在中央控制薄弱的混乱环境下，集权的法律体系更易实现。法国因其在 12—13 世纪时相对混乱且中央政府势力薄弱，所以采用了赋予中央更多权力的大陆法。相反，英国当时相对稳定，中央政府也较强势，所以它采用了更为分权的普通法。也就是说，法国因为地方封建领主的权力过大，所以要依靠政府雇用的法官；而英国因为地方统治者势力薄弱，所以选择了陪审团制度。这种地方状况的差异延续了很长时间。

通过殖民统治，大陆法和普通法被移植到了很多国家，进而影响了这些国家的经济和政治结构。学者们已经详细研究了法律制度对投资者保护、商业活动监管、劳动者监督和政府质量的影响。拉·波塔和同事（La Porta and colleagues，1998）对 49 个样本国家进行了研究，认为各国现代法律对投资者的保护程度和执法水平因法律体系起源的不同而有所差别。以英国普通法为起源的国家表现最好，以法国民法为起源的国家表现最差，以德国民法和斯堪的纳维亚民法为起源的国家表现居中。拉·波塔等人（1999）利用一系列指标如所有权保护水平、商业监管质量和最高边际税率衡量了政府质量，认为英国普通法法系国家比法国民法法系国家拥有更高效的政府。

詹科夫、拉·波塔等人（2003）研究了 109 个国家的法院在解决纠纷时的效率。他们选取两个法律程序（驱赶未付房租的租客和追索拒付支票的款项）来测量效率。运用与这两个程序相关的详细信息，他们构建了测量每个国家程序形式主义（procedural formalism）的指标。他们发现，法律起源解释了不同国家程序形式主义指标间 40% 的差异，法国民法法系国家的程序形式主义要比英国普通法法系国家严重。利用最小二乘回归,他们发现,严重的程序形式主义导致了更长的纠纷解决期、更低的合同强制执行力和更多的腐败。[10] 他们使用法律起源作为程序形式主义的工具变量,用工具变量法做了估计,结果仍未改变。

在另一个研究中,詹科夫和他的同事(2002)考察了 85 个国家对市场准入的管制程度。他们利用指标如开设公司必须履行的程序数目、完成这些程序所需要的天数等清楚地测量了建立新公司的难易程度。他们发现不同国家的指标间存在很大差异,各国开设新公司的行政成本之间也存在巨大差异。美国的行政成本只占其人均 GDP 的 0.5%,而多米尼加共和国的行政成本是其人均 GDP 的 4.6 倍。这些成本依据法律起源的不同而改变。法国民法法系国家、德国民法法系国家和以社会主义法律为起源的国家,比普通法国家具有更多的管制,而斯堪的纳维亚民法法系国家和普通法法系国家具有的管制相差不多。显而易见,这些准入成本增加了商业企业的负担,限制了竞争。相关研究表明,更严厉的管制与更多的腐败及更多的非法商业活动相关联。[11]

詹科夫、格拉泽等(2003)总结了其对法院、市场准入和劳动力市场管制的发现[12],写道:"在这三个方面,也就是市场准入、法院和劳动力市场方面,以社会主义和法国民法为起源的国家比普通法国家进行的管制要多。"平均来说,管制市场准入的国家同样对法院和劳动力市场进行管制,这种相关性至少部分是法律起源造成的。

殖民影响

由殖民者所施加的制度对不同国家和地区发展的影响已经受到了学者们的特别关注。一些研究者认为，殖民者对其原殖民地的政治、法律和经济制度具有决定性影响，进而影响了殖民地的经济绩效。[13] 诺思、萨默希尔和温格斯特（North，Summerhill and Weingast，2000）对比了北美和南美的发展过程，为前面的观点提供了有力的佐证。他们认为，西班牙和英国殖民者在治理结构和殖民期需求上的不同，能够很大程度上解释为何在英国统治下的北美出现了孕育秩序从而促进经济发展的政治制度，而在西班牙统治下的拉丁美洲出现了迥异的产生无序并阻碍经济发展的制度。[14] 虽然诺思、萨默希尔和温格斯特（2000）并没有反对科茨沃斯（Coatsworth，2003）、恩格曼和索科洛夫（Engerman and Sokoloff，1997）提出的资源和其他要素禀赋影响制度形成的观点，但他们坚持认为殖民者在制度形成过程中起到了决定性作用。

根据恩格曼和索科洛夫（1997）、索科洛夫和恩格曼（2000）的论述，资源和其他要素禀赋会影响殖民地的专业化分工模式。它们决定了16—18世纪迁入新大陆的600万移民的地域分布，其中60%的移民是非洲奴隶。对于能够自由选择居住地的移民来说，最具吸引力的地方是土地和气候适合种植高利润商品如蔗糖和咖啡的地区，如西印度群岛和南美洲部分地区。这些作物由奴隶在大种植园中生产，这就导致了财富和政治权力分配在很大程度上的不平等。这些特征又有助于产生对农场主有利的经济和政治制度，进一步扩大了不平等，阻碍了经济发展。

其他由西班牙统治的美洲地区，拥有丰富的矿产资源和大量能被雇用的原住居民。在这些地方，西班牙统治者把土地所有权授予了王室的亲信，这同样造成了很大程度的财富和政治权力分配的不平等，逐渐形成了阻碍经济发展的剥削制度。

相反，北美洲的北部地区只有很少的原住居民，并且较适合种植谷物，而不是在西印度群岛种植的高利润农作物。因而，大型的种植园并没有出现，而且大多数劳动者具有欧洲血统。这种情况没有造成很大程度的财富和政治权力分配的不平等，从而有助于形成更为公平的制度，同时能对私人财产权进行更好的保护。这反过来促进了社会的大多数成员进行投资，进而促进了经济增长。

但是，索科洛夫和恩格曼（2000）提出，英国和西班牙王室的作用并不像诺思、萨默希尔和温格斯特（2000）所认为的差别巨大。他们指出，殖民统治期间人均收入最高的经济体位于加勒比海地区，不管它们是西班牙、英国还是法国的殖民地，相互之间的差别都并不大。这说明资源禀赋比殖民者所起的作用更大。更一般地说，隶属于同一殖民者（英国或西班牙）的殖民地的经济发展水平间存在差异，但这种差异在很大程度上是由要素禀赋造成的。

阿西莫格鲁、约翰逊和罗宾逊（Acemoglu，Johnson and Robinson，2001，2002）提供最有力的证据证实了，地区资源状况比殖民者对制度发展和经济增长的影响大。他们的理论由三部分组成：首先，欧洲殖民者可以从一系列制度中进行选择，一种极端是他们不在殖民地定居，仅建立剥削制度；另一种极端是他们在殖民地定居，并且在那里复制他们的制度。其次，策略的选择受当地状况的影响。特别是当定居无利可图时，殖民者才会采用剥削制度。最后，制度一旦建立，它们在殖民地独立后仍然存在。

为了检验上述理论，阿西莫格鲁、约翰逊和罗宾逊（2001）收集了17—19世纪殖民地的欧洲牧师、水手和幸存士兵的死亡率数据。死亡率被用来衡量在一个地区定居的难易程度。死亡率越高，在这个地区定居越困难。阿西莫格鲁、约翰逊和罗宾逊的研究表明，当时的死亡率与这些国家1995年的人均GDP负相关，这表明1995年人均GDP高的国家在100多年前对欧洲移民是友好的，而1995年人均GDP低的国家则相反。而且，他们的研究表明，1985—1995年的死亡率与掠夺风险（expropriation risk）指数正相关。[15] 如果我们把低掠夺风险看作好制度的反映，那么第二种相关关系表明17—19世纪对移民者友好的地区在20世纪末形成了好的制度，而对移民者不友好的地区则形成了差的制度。

但是这两种相关关系一定意味着17—19世纪殖民地当地的状况通过影响制度形成，从而影响了1995年的人均收入吗？或者它们是由其他方面的差异造成的？阿西莫格鲁、约翰逊和罗宾逊把移民者的死亡率作为工具变量，利用两阶段最小二乘法估计了制度对人均GDP的影响。他们估计了第一阶段的方程——掠夺风险对移民者的死亡率进行回归，以及第二阶段的方程——人均GDP对掠夺风险进行回归。他们发现相关系数非常显著。移民者的死亡率对掠夺风险有显著影响，而且掠夺风险对人均GDP有显著影响。[16] 相关的敏感度分析确认了上述观点的可靠性。

一国的殖民起源仅影响它的制度质量吗？还是它对人均收入也有直接影响呢？敏感度分析的结论是：它对二者均有影响。然而，控制了移民起源后，移民者死亡率的影响仍存在。研究的结果表明，地区状况的差异在制度形成和制度影响长期发展的过程中均发挥独立作用。

　　学者们之所以对殖民者移植到殖民地的法律制度怀有特殊的兴趣，是因为（如前一部分所讨论的）法律制度对产权保护和政府机构的质量有系统影响。阿西莫格鲁、约翰逊和罗宾逊证实了这些结果。他们建立了英国普通法法系或法国民法法系的 65 个国家的样本数据，发现英国普通法法系对制度形成有更好的影响（例如，它导致了更低的掠夺风险）。然而，控制了法律起源后，地方状况对制度的影响及通过制度对 1995 年人均 GDP 的影响并没有很大的变化。

　　阿西莫格鲁和约翰逊（2003）进一步把产权保护制度和缔约制度的影响分离开来。他们利用政府掠夺风险和对行政官员的限制作为衡量产权制度的一组指标，并利用詹科夫、拉·波塔等（2002，2003）测量法律形式主义（legal formalism）的方法衡量缔约制度，以估计这些制度对作为样本的前欧洲殖民地国家长期发展的影响。为了解决这些测量方法的内生问题，他们把法律起源作为缔约制度的工具变量，把移民者的死亡率作为产权制度的工具变量。然后，他们发现，产权制度对经济增长有重要影响。也就是说，产权保护较强和对行政长官约束较多的国家拥有较高的人均收入。但是，一旦控制了产权制度的影响，缔约制度就并不影响人均收入。他们对研究结果的阐释如下：产权保护薄弱的国家不能良好运转，但是私人部门能通过组织自己的交易活动如筹资活动成功克服缔约制度的缺陷。虽然这种分析在探究不同制度的影响机制方面前进了一大步，但其结论的可靠性仍待检验。

地理与制度

一些学者认为制度在经济发展中起决定性作用，而另外一些学者则认为地理因素的作用很大。萨克斯（Sachs，2001）专门论证了地理因素对一国经济成功的重要影响。他认为气候温和或有机会进行海上贸易的地区比热带地区或内陆地区具有更大的优势。他利用一种通过温度和降雨量划分地区的方法，分析了经济增长和发展的地区分布模式。其结论为，温带地区和沿海地区拥有更高的人均收入。另外，利用麦迪逊（1995）的历史数据，萨克斯发现1820—1992年温带地区人均收入的年增长速度是1.4%，而非温带地区人均收入的年增长速度是0.9%。此外，在巴罗（1991）的研究基础上，他进行了1965—1990年人均收入的年增长速度对初始的人均收入、教育水平和一国生活在温带的人口比例的回归。他发现一国处在温带的人口比例与该国的增长速度之间存在正相关关系。[17]

关于地理和制度的争论并不是集中于地理是否影响经济发展，而是集中于地理状况是否通过制度的形成或其他渠道影响经济发展。霍尔和琼斯（1999）发现各国生产率之间存在巨大差异，并据此认为制度影响经济发展："[我们的]核心论点是，决定一国经济长期绩效的首要基本因素是它的社会基础结构。我们所指的社会基础结构是一个经济体内对个人和公司提供激励的制度和政府政策"（95）。这些激励可能促使创新和积累发生，也可能导致寻租、腐败和偷窃。

为了验证他们的观点，霍尔和琼斯通过两阶段最小二乘模型估计了制度对人均产出的影响，其中把测量西欧对一国影响的指标作为制度的工具变量。这些工具变量中包括与赤道的距离这样一个地理特征。[18]

萨克斯（2001）批评了这些变量的有效性，认为纬度只是衡量欧洲制度对一国影响程度的较差变量，因为很多处在中纬度的国家，如中亚各国、中国、韩国和日本与欧洲的制度关联性很弱。而许多位于近赤道地区的国家曾经是（或现在是）欧洲的殖民地，与欧洲的制度关联性很强。

这个批评很有道理。事实上，阿西莫格鲁、约翰逊和罗宾逊（2001）发现把纬度添加到他们的等式中，并没有改变制度和人均 GDP 之间的关系，由此可看出纬度要么影响不显著，要么是个多余的变量。

经济结果从来不是由单一原因造成的，这同样适用于经济长期发展的复杂过程。基于此，如果把制度与地理因素的争论改为"作为收入和财富的决定因素它们孰重孰轻"会更好。尽管关于制度和地理特征对人均收入相对贡献的定量估计并不十分可信，但阿西莫格鲁、约翰逊和罗宾逊（2002）所做的研究明确认为制度更重要。

阿西莫格鲁、约翰逊和罗宾逊（2002）在文章一开始就用历史材料证明了他们所提出的"财富逆转"（reversal of fortune）。也就是说，他们发现在 1500 年前后，相对富裕的国家或地区到 1995 年变得相对贫困；相反，1500 年前后相对贫困的国家或地区到 1995 年变得相对富裕。他们利用两种方法测量人们在 1500 年的生活状况：一是城市化程度，用生活在 5 000 人以上的城镇中的居民比例衡量；二是人口密度，用单位面积人口居住数量衡量。这两种方法都被认为与生活水平高度相关。[19] 图 7-1 显示，92 个样本国家的 1500 年人口密度和 1995 年人均 GDP（按购买力平价调整）之间存在显著的相关关系。每个点代表一个国家。[20] 这个图表现了 1500 年的生活水平和 1995 年的生活水平之间的负相关关系。接着，作者证据确凿地说明了以地理特征为基础的假说不能解释这种现象，而以制度为基础的假说能够解释这种现象。

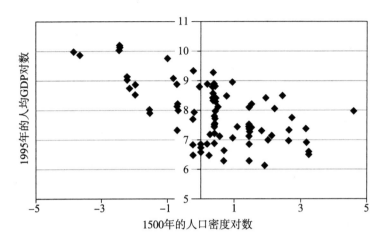

图 7-1　1995 年的人均 GDP 对数和 1500 年的人口密度对数的关系

资料来源：Acemoglu，Johnson and Robinson（2002）.

首先，这种类型的数据明确说明了不能仅从简单、静态的角度看待地理特征对发展的影响，因为如果地理特征在发展中起决定性作用，那么在 16 世纪初富裕的地区在 20 世纪末也应该很富裕。其次，我们可以认为，正如萨克斯（2001）所提出的，在 16 世纪初富裕的地区有适合于当时农业技术的土地和气候，但是当适合于温带地区的农业新技术出现时，它们就丧失了这种优势。但是，这种解释被阿西莫格鲁、约翰逊和罗宾逊驳回了。他们证明了国家相对状况的逆转发生在 18 世纪末和 19 世纪初之间，即这种逆转并不是发生在重大农业技术进步出现的时期，而是发生在较晚的工业革命时期。因此这种逆转与工业化相关。

相反，阿西莫格鲁、约翰逊和罗宾逊（2002）提出由欧洲殖民者所建立的制度能够解释"财富逆转"。一方面，相对贫困的地区人口较稀少，因此它们对欧洲移民者的吸引力较大。一旦大规模欧洲移民者在此地定居，他们就有动力建立更为广泛的产权保护制度以及权力更为分散的政治制度。[21] 另一方面，繁荣的、人口集中的地区对移民者的吸引力较小。这些地区存在很大程度的经济和政治上的不平等，殖民者倾向于建立剥削制度。[22] 前一种制度能促进工业革命的发展，后一种制度则阻碍工业革命的发展。

　　计量结果显示，16 世纪初的繁荣不仅与 20 世纪后期的不良制度（用掠夺风险指标衡量）相关，还与独立之初的不良制度（用行政长官的权力限制指标衡量）相关。即使控制了纬度，这些相关性仍存在。阿西莫格鲁、约翰逊和罗宾逊（2002）又一次使用两阶段最小二乘法估计了制度对 1995 年人均收入的影响。模型运用 17 世纪、18 世纪、19 世纪移民者的死亡率和 1500 年左右的繁荣程度作为工具变量。他们发现几个世纪前建立的制度对 20 世纪末的生活状况有显著影响。而且，他们不能否定下面的假说：16 世纪初的繁荣对 20 世纪的状况并没有独立影响，仅通过其对制度形成的影响发挥作用。也就是说，16 世纪初的状况主要通过其对制度形成的影响来间接影响 20 世纪的生活状况。最后，利用英国的工业产出作为衡量工业化程度的指标，他们发现制度与工业化之间的相互促进对一国的繁荣有正效应。具有好制度的国家比具有差制度的国家能更好地利用工业化成果。[23]

　　最近由伊斯特利和莱文（2003），罗德里克、萨勃拉曼尼亚和特雷比（Rodrik，Subramanian and Trebbi，2002）所做的计量研究证实了阿西莫格鲁、约翰逊和罗宾逊的重要发现：在人均收入的长期决定因素中，制度比地理特征更为重要。[24] 虽然地理特征通过影响制度形成进而影响经济长期发展，但一旦考虑到了制度的影响，一国的地理特征对它的人均收入就不再有直接影响。[25]

政治与经济

在一国经济发展中经济和政治因素共同起作用。人们会问：它们到底如何起作用呢？普热沃斯基和同事（Przeworski and colleagues, 2000，chap.3）指出，民主政体之间的经济增长速度差异没有独裁政体之间的差异那么大。马利根和萨拉-伊-马丁（Mulligan and Sala-i-Martin，2003）认为民主政体和（非共产主义的）非民主政体之间并没有系统的经济和社会政策差异[26]，尽管民主政体内居民的实际工资要高一些。[27]而且一组国家的平均人均收入越高，民主国家所占的比例越大。[28]

亨廷顿（Huntington，1968）强调了稳定性在政体存续中的作用。其实变革本质上对政体并无害。更准确地说，由经济增长所导致的变革对民主和非民主政体的存续都有好处，而人均收入的减少对二者的存续都有害。[29]非民主政体的投资率之所以高，主要是由于这些国家人均收入较低。如第2章所解释的，我们应该预料到贫穷国家会有较高的投资率，并且存在证据支持这种观点。实际上，一旦人均收入的不同被调整，民主政体就不会显现出较低的投资率。[30]

现代化理论提出，经济发展将导致独裁国家的民主化。因为一个国家越富有，它的社会结构就会越复杂。拥有自主需要和权力的新组织将会出现，这样，维持独裁政权会更加困难。根据利普塞特（Lipset，1959），工业化、城市化、教育水平提高和政治上的动员会共同作用，最终导致民主化。但是，第二次世界大战后出现的与利普塞特假说相关的证据在观点上并不统一。一方面，巴罗（1997，chap. 2）估计了人均 GDP 对民主和公民自由的影响，他得到的结果支持了这个假说。另一方面，普热沃斯基等（2000，chap. 2）发现较高的收入并没有增加政体从独裁向民主转变的可能性，但民主政体更易在高收入国家中存在。[31] 民主政体在高收入国家中更大的存续可能性解释了这些学者所得出的民主政体所占的比例和人均收入间的正相关关系。同时，它或许也能够解释从巴罗的数据集中所得到的人均收入和民主之间的正相关关系。如果是那样，这个数据就不支持利普塞特的假说。[32]

阿西莫格鲁和罗宾逊（2003）提出了一种从独裁向民主转型的理论，这种理论把富人和穷人之间的利益再分配冲突作为政治变革的最主要推动力。在他们的理论中，社会和政治集团不仅对现在的再分配政策感兴趣，而且同样关注将来的再分配政策。这些集团通过推动赋予它政治权力的制度的形成来确保自己将来获得有利的政策。在民主社会中，众多贫困者拥有较大的政治权力，而在独裁社会中，少数的富人拥有较大的政治权力。但是政治权力可能是合法的，也可能是依靠暴力获得的。贫困者要想在非民主社会中获得政治权力，只能通过暴力，但是这样所获得的权力是暂时的，因此他们愿意把社会推向民主，这样他们才能获得合法的政治权力。新的政体也保证了穷人以后能获得对其有利的政策。

依据这种理论，社会越不平等，穷人越愿意起来革命。但是社会越不平等，民主化对富人的成本就越高，他们抵制民主化的可能性就越大。考虑到这两种相反力量的作用，这种理论预测不平等和民主化的可能性之间存在倒 U 形关系。不平等程度过小或过大时民主化都不易发生，不平等处于中间范围时民主化最易发生。[33]

利益再分配之间的冲突在政治舞台上以多种形式呈现。人们为了保护自己的利益，依循不同的特征形成了各种利益集团，因而经济和政治之间的关联不仅体现在穷人和富人之间。罗格夫斯基（Rogowski）在 1989 年所做的关于国际贸易对政治联盟影响的分析是很好的例证。

罗格夫斯基利用斯托尔珀-萨缪尔森定理分析了国际经济形势变化时，劳动者、土地拥有者和资本拥有者的利益如何改变。[34] 在赫克歇尔-俄林的分析框架下，这个原理表明，由贸易成本减少或外国贸易壁垒降低所带来的国际市场形势好转，有利于提高一国丰裕生产要素的实际收入，因为生产出口商品时将密集使用它们。生产进口商品的替代品时所密集使用的要素将受损。

罗格夫斯基考察了发生在 19 世纪后半期的第一次全球化浪潮对政治联盟的影响。比较英国、德国和美国的情况后，他写道：与英国相比，当时德国和美国的资本都比较稀缺，但当时德国的劳动力丰富、土地少，而美国则是土地多、劳动力少。因此，贸易的扩大对德国的劳动力有利，但会使资本和土地所获得的收入受到威胁。基于此，劳动者支持自由贸易而资本和土地拥有者形成著名的"钢铁和黑麦的联姻"（marriage of iron and rye）以反对自由贸易，这导致了乡村和城市之间的冲突。在资本和劳动力充裕的英国，资本家和劳动者支持自由贸易而土地所有者支持贸易保护。[35]

上面是经济状况影响政治的相关实例，但它们之间的因果关系也可能相反。下面我们来考虑贸易保护的政治经济学。格罗斯曼和赫尔普曼（1994b）提出了一个贸易保护模型，其中经济利益相关者按行业组织起来，因此形成了代表不同行业的利益集团。他们的模型预测了依赖于政治和经济特征的跨行业的保护结构。特别是，保护的平均水平不仅依赖于决策者如何在以捐献形式存在的政治支持和全民福利之间进行权衡，还依赖于活跃的利益集团代表哪一部分人群。[36] 一些实证研究利用不同国家的数据对模型中的指标进行了估计。[37] 米特拉等（Mitra，Thomakos and Ulubaşoğlu，2002）估计了土耳其在军人统治时期和民主化后这些指标的数值。他们发现从军人统治向民主化的转变提高了全民福利在政策制定中所占的分量，以及利益集团所代表的人口比例，这反过来降低了贸易保护的水平。

国际贸易领域内经济和政治相互关联的例子说明了经济中的政治因素的重要性，但是它们并没有说明经济中的政治因素如何影响经济增长，因为（如我们在第 5 章所看到的）经济增长和保护水平之间的联系并不简单。因而，我们也不能期待发现经济中的政治因素与增长速度之间存在简单联系。但是，我们能够对它们之间的联系进行深入研究，并且应该进行这样的研究，因为它们是解释一些经济增长之谜的关键所在。[38]

奥尔森（Olson，1982）提出了一种假说，把政治集团的形成和经济增长直接联系到了一起。在《集体行动的逻辑》（*The Logic of Collective Action*，1965）一书的开头，奥尔森就指出利益集团的形成并不能提高经济效率。此外，稳定的社会更容易产生维护自己利益的特殊集团。这些集团降低了社会的效率并滋生了政治上的分裂。尽管大的组织会权衡总效率损失和自己的利益所得，但是这种组织的存在给社会增添了许多额外负担。它们降低了社会决策的速度，建立了进入壁垒，促成了更复杂的法律和监管框架并使政府职能变得复杂。这样，它们就减弱了一个社会采用新技术和面对技术革新时重组的能力。最终它们减缓了经济增长。[39] 总之，在稳定的社会中，随着时间的推移，寻求再分配利益的集团会不断出现，人均收入的增长速度会不断下降。

对第二次世界大战后的经验进行考察后，奥尔森（1982）提出"对赋予组织很多自由的国家来说，其没有发生巨变或未遭受侵略的时间越长，组织对其经济增长的抑制作用就越大"。基于此，我们可以认为集权、不稳定和战争摧毁了德国、日本和法国的特殊利益集团。而稳定和缺乏侵略使这些组织在英国茁壮成长。因此，奥尔森认为，德国和日本——经济完全被战争摧毁——在第二次世界大战后经历了"经济增长奇迹"；法国——仅仅被占领——没有经历"奇迹"，而是以比较快的速度增长；英国——未被侵占——增长缓慢。同时，这个观点也解释了为何没有参与战争的瑞士经济比英国增长得还缓慢。[40]

然而，奥尔森的观点受到了挑战。首先，布斯等人（Booth, Melling and Dartmann，1997）指出，许多战前在德国存在的特殊利益集团战后又重新出现，也就是说，战争并没有完全消除奥尔森所认为的那些阻碍德国经济增长的组织。其次，普热沃斯基等（2000, chap. 4）认为，并没有证据表明随着民主或独裁政体存续年数的增加，其经济增长速度下降。而且，佩尔松和塔贝利尼（2003, chap. 7）发现，存续时间较长的政权更倾向于建立能够促进经济增长的政策。很显然，利益集团对经济的影响比奥尔森的理论阐述要复杂得多。但是我们还没有得出关于经济增长与利益集团形成、消亡之间关系的具体理论。我们需要借助这种理论更好地理解利益集团如何影响经济增长，以及经济状况改变时利益集团如何做出反应。[41]

关于政治制度与经济增长之间的关系，目前既没有完善的理论，也没有可信的实证分析。然而，学术界在不断取得进步。佩尔松和塔贝利尼（2003）详细分析了选举规则和政府类型对经济绩效的影响。他们建立了一个较大的第二次世界大战后的数据集，这样他们就能够估计政府类型（总统制或议会制）和选举规则（多数制或比例制）对政府支出、税收和其他影响生产率和增长的政策的影响。[42] 他们发现政府类型和民主制度之间的相互作用很微妙。在制度较完善的民主国家，总统制下所制定的政策更利于增长。相反，在民主基础薄弱的国家，议会制下所制定的政策更利于增长。佩尔松和塔贝利尼发现，古老的民主国家比年轻的民主国家更倾向于制定促进增长的政策，正是基于此，古老的民主国家的生产能力更强。此外，他们发现两种选举规则对生产率和增长速度的影响并无明显差异。然而，一旦大的选举规则区别被消除，小的细节可能产生重要影响。特别是在多数制中，小行政区可能对经济发展不利。[43]

佩尔松（2003）利用包括了非民主国家的数据的样本重新检验了上述结论。利用民主国家的年数和宪政类型（议会制或总统制）作为控制反转变政策的工具[44]，又利用一国中使用最主要的五种欧洲语言中的一种的人口所占的比例和弗兰克尔和罗默（1999）预测的贸易份额，他发现，在横截面数据中，年数和宪政类型对劳动力的生产力有显著影响。然而，如果这两个变量对政策的影响被控制，那么它们对生产率就没有更进一步的影响。也就是说，民主政权的存在年数和它们的宪政类型仅通过政策形成过程影响劳动生产率。这些影响很显著；若用议会民主制代替一国的政治制度，将改善该国的结构政策，这能够使该国的长期劳动生产率提高 40%。虽然这个结果相当原始，但是它说明了理解政治制度对经济绩效影响的重要性，同时也表明对这个复杂问题的研究具有可行性。[45]

小结

由于制度结构的不同，资源禀赋相似的国家可能具有不同的发展路径。因为制度影响一国改进和开发新技术的动力，影响一国为了获取新机遇重组生产和重新分配的动力，也影响一国积累物质和人力资本的动力。基于这些原因，我们可以认为，与研发投入或物质及人力资本积累相比，制度是决定经济增长的更基本的因素。虽然经济史学家和其他的社会学家很久以前就开始研究制度，但制度对经济增长的影响的相关研究是最近才兴起的。因此，我们上面讨论的一些重要问题还没有得到令人满意的答案，本章也仅得出了一些尝试性的结论。

意义重大的技术进步一般都发生在能够较好地保护私有产权（防止其受到私人或国家的侵犯）的国家。实现对产权的保护需要建立以下两种制度：促进交易的法律制度和限制行政官员权利的政治制度。但是，这些制度并不是增长的充分条件，因为重大的技术进步一般会导致经济组织的重大变革。18世纪后期出现的中心工厂、19世纪后期出现的大型商业企业、20世纪初出现的垂直一体化过程和最近出现的更细致的生产分工都是组织对技术进步所做的调整。[46] 因此，一国经济增长的潜力还取决于其适应这些变化的能力，而适应这些变化的能力又取决于一国的经济和政治制度。

对一个时期的经济发展有利的制度对另一个时期则不尽然。英国在19世纪后期衰落的重要原因就是其面临新出现的技术时，制度调整不够迅速。促使日本和环太平洋地区的新兴工业化国家和地区在第二次世界大战后快速增长的经济和政治制度现在也已经不合时宜了。为了促进增长，制度也需要不断进行调整，尤其需要跟随技术变革同时进行调整。但是，由于制度演化较缓慢，制度与技术同时变革会很难实现。在技术迅速发展时期，尤其当通用目的技术的类型发生重大改变时，制度与技术的不匹配会非常严重。

虽然我们能够证实产权制度、法律制度和对行政官员权力的约束对经济增长都很重要，但是我们还没有弄清楚它们到底如何影响人均收入。而对其他经济和政治制度因素如劳资关系、利益集团监管的作用，我们更是知之甚少。然而，了解现代社会的这些特征，非常有助于我们更加深入地洞悉现代经济增长。否则，我们很难正确制定促进发达和发展中国家经济快速增长的改革措施。

要想在这一前沿领域取得进展，将来的研究需确认制度如何影响经济增长及不同的制度之间如何相互作用。为了便于理解，我们来考虑一下佩尔松和塔贝利尼（2003）的发现：在完善、稳固的民主政体国家，总统制比议会制更能促进增长；而在民主基础薄弱的国家，议会制效果更好。这两种政治制度主要通过什么途径影响经济增长呢？是税收，还是对特殊利益集团的限制，抑或是对变化的反应呢？佩尔松和塔贝利尼还研究了政府类型和选举制度之间的相互作用，但并没有得出明确结论。然而这些相互作用机制可能是很重要的，而且政府类型可能以重要方式与法律制度、劳动市场制度或国际贸易及投资制度相互作用。以下事实加大了单独识别它们的影响的难度，即当制度演变时，它们的组成元素——如法律和政治制度——并不是独立地发生变化。

虽然目前只取得了很有限的进展，但对不同制度及其与经济增长之间关系的研究是一项非凡的工作。对这一问题的持续关注必将催生新的理论和实证方法、新的数据集及新的观点。因此，我们现在需要为完成这一任务不断积蓄力量。

【注释】

[1] 参见卡塞利和科尔曼（2003）对世界技术边界的估计，以及阿西莫格鲁、阿吉翁等（Acemoglu，Aghion and Zilibotti，2002，2003）对决定技术边界和一国全要素生产率水平的要素的分析。

[2] 迪克西特（未出版）对民间制度在经济活动中的作用做了具有启发性的分析。

[3] 卡恩和索科洛夫（Khan and Sokoloff，2001）描述了市场规模如何影响美国专利制度的发展及专利制度如何促进19世纪发明的快速增长。

[4] 阿罗（1974，33）从一个不同的视角看待组织："组织是在价格体系失灵的情况下获取集体行动好处的一种方法……专有名词'组织'可以被解释得相当宽泛。正式组织、公司、工会、大学或政府并不是其唯一的类型。道德规范和市场制度本身亦能被视为组织；实际上，市场制度详细描述了沟通和共同决策的方法。"阿罗指出了不确定性和信息在组织形成过程中的作用。诺思（1981，1990）效仿阿罗，在他的定义中也包括正式和非正式实体。

[5] 参见格雷夫（日期不详，第5章）。

[6] 同样参见格雷夫（日期不详，第3章）。

[7] 这方面研究所需的历史记录大都来自开罗的藏书阁，它收集了商人间的原始合同、账目及信件。

[8] 格雷夫（1993）构建了一个重复博弈模型，这是其中的一个均衡解。也就是说，当每个人都采取均衡策略时，在联盟内通告不诚实代理的行为并不再与其进行交易将是最优反应。

[9] 无疑，在每个联盟内当地居民均可利用当地法庭强制执行其他居民所做的承诺。

[10] 同时，他们发现严重的程序形式主义将导致较低的诚实性、一致性和公平性。

[11] 利用詹科夫、拉·波塔、洛佩兹-德-西拉内斯（Lopez-de-Silanes）和施莱弗建立的进入壁垒测量方法，阿西莫格鲁、阿吉翁等（2003）发现对于进入壁垒较低的国家，其增长速度和它与技术前沿的差距之间存在较弱的负相关关系，而对于贸易壁垒较高的国家，二者间存在较强的负相关关系。有证据表明进入管制降低了追赶技术前沿的速度，并且一国与技术前沿的距离越近，其管制的危害越大。

[12] 贝特罗（Botero，2003）公布了劳动力市场管制的相关研究成果。

[13] 类似的作用有时被归于文化，参见 Landes（1998）。虽然内含于社会规范中的文化因素很可能对增长有重要影响，但令人满意的定量分析并不存在。

[14] 大英帝国当时采取的是联邦结构，它为产权保护提供了可靠的机制，而西班牙帝国依赖教会、军队和贵族来维持政治的稳定性。因此，"西班牙的商业机制似乎是用来最大化皇室对新大陆的掠夺，帝国的经济发展为此付出了巨大代价。相反，英国的联邦结构似乎是用来最大化帝国的经济发展。"（North, Summerhill and Weingast，2000，34－35）。

[15] 他们计算了样本内每个国家此指标1985—1995年的平均值并把平均值与死亡率联系了起来。他们涵盖了曾是欧洲殖民地的位于世界不同地区（美洲、亚洲、非洲和大洋洲）的65个国家的数据。

[16] 他们同时研究了移民者的死亡率和其他制度质量的测量方法（如对行政官员的约束）之间的关系。

[17] 控制了人均收入的影响后，居住在温带的人口比例仍然对婴儿死亡率和预期寿命有正的影响。

[18] 其他的工具变量是母语为英语的人口所占比例、使用五种欧洲语言中的一种的人口所占比例，以及弗兰克尔和罗默所预期的贸易份额（参见第5章对最后一个变量的讨论）。

[19] 不像后来，在新大陆刚发现的时期还不存在对人均收入的直接测量

方法。

[20] 感谢阿西莫格鲁和约翰逊为这个图表提供了数据。

[21] 这与恩格曼和索科洛夫 (1997)、索科洛夫和恩格曼 (2000) 的观点一致。

[22] 同样,这与恩格曼和索科洛夫 (1997)、索科洛夫和恩格曼 (2000) 的论据一致。

[23] 这与阿西莫格鲁、阿吉翁等 (2003) 的结果一致。

[24] 早期较重要的制度对经济增长的影响程度的跨国研究可参见 Knack and Keefer (1995),Mauro (1995);他们的研究结果均表明好的制度对经济增长具有有利影响。这些研究中的数据被后来的学者广泛运用。

[25] 伊斯特利和莱文 (2003) 反驳,当控制了制度变量的变化时,政策对增长没有直接影响。然而,这个观点受到了罗德里克、萨勃拉曼尼亚和特雷比 (2002) 从计量角度的挑战。

[26] 相反,巴罗 (1997,chap.2) 认为公民拥有较少政治权利的国家,增长速度随着政治权力指标的上升而上升,而公民拥有较多政治权利的国家,增长速度随着政治权力指标的上升而下降。也就是说,在增长速度和政治权力之间存在倒 U 形关系。更重要的是,当控制了初始人均收入、教育、预期寿命、法制指标及经济增长的其他决定因素时,这种关系仍会出现。但是,此时的倒 U 形关系并不很明显。

[27] 参见 Rodrik (1999)。

[28] 参见 Przeworski et al. (2000,fig.2.1)。

[29] 参见 Przeworski et al. (2000,table 2 - 10).

[30] 参见 Przeworski et al. (2000,chap.3),也见巴罗 (1997,chap.2)。控制了初始人均收入、教育和其他变量后,巴罗发现了投资率和政治权力指标之间的倒 U 形关系。

[31] 他们只承认两种类型的政体,所以在他们的研究中转型是指从民主政治向非民主政治转变,或者相反。

[32] 然而，有趣的是，历史角度的研究发现政体类型对经济发展有重要影响。德龙和施莱弗（De Long and Shleifer，1993）研究了从中世纪到 19 世纪的政体类型和城市增长之间的关系。他们发现处于专制体制下的城市要比处于其他政体下的城市增长缓慢得多。在专制体制下，权力主要集中在国王手中。而在其他政体下如由商人统治的城邦，权力更加分散。

[33] 阿西莫格鲁和罗宾逊（2003）提供了大量历史事例以支持他们理论的不同部分。同时他们讨论了民主政体的瓦解、中产阶级的作用、民主化浪潮的原因以及全球化在政体转变中的作用。

[34] 在第 5 章中我们用到了斯托尔珀-萨缪尔森定理。它的最简单形式如下：在含有劳动和资本的两部门两要素经济中，资本密集型产品相对价格的上升将提高资本的实际收入、降低劳动的实际收入。类似地，劳动密集型产品相对价格的上升将提高劳动的实际收入、降低资本的实际收入。更为复杂的定理变体包含更多种类的投入和产出。

[35] 罗格夫斯基（1989）把这种类型的分析应用于两次世界大战之间的时期、第二次世界大战以后和古希腊、古罗马及 16 世纪的欧洲。

[36] 格罗斯曼和赫尔普曼（1996）描述了决策者如何在社会福利和捐献之间权衡受一国政治体制的影响。

[37] 这是沿着戈德堡和马吉（Goldberg and Maggi，1999）的原始框架所做的典型结构分析。参见 Gawande and Krishna（2003）。

[38] 利益是多维的，因此不同的利益集团以不同的方式与政治体制相互作用。这些活动对经济增长的影响不易理解。例如，社会分化和增长的关系的相关研究表明，社会越分化，增长越缓慢。艾莱斯那等（Alesina, Devleeschauwer, Easterly and Wacziary，2003）建立了新的测量种族、语言和宗教分化的方法。他们运用大约 190 个国家和地区的数据估计了分化程度对增长的不利影响。而且，阿吉翁等（Aghion, Alesnia and Trebbi，2003）发现，宗族种类越多的社会，政治制度越不民主。他们认为，之所以如此，是因为社会越分化，政治制度越倾向于保护一些特殊团体并遏制其他团体发表意见。但是这些实证结果

并不能揭示分化程度影响增长的具体途径，对此还需进行更深入的研究。

［39］帕伦特和普雷斯科特（Parente and Prescott，2000）也认为，不同国家间全要素生产率的差异是由处于支配地位的既得利益者的不同（chap. 8）和规章约束的不同（chap. 6）所造成的。

［40］奥尔森（1982，chap. 5）发现美国各州作为独立的州存在的年数和它们的增长速度之间存在负相关关系，这说明环境越稳定，增长速度越慢。此外，他还利用欧洲大陆国家、澳大利亚和新西兰的数据检验了经济一体化和贸易政策对增长的影响。同时，他研究了欧洲和世界其他地方出现的派别纷争影响增长的历史事实。

［41］格罗斯曼和赫尔普曼（2001）系统分析了利益集团影响政策制定的多种具体途径。他们的分析框架可应用到利益集团对增长的影响的研究中，但是这类问题的动态研究还没有受到足够的重视。克鲁塞尔等（Krusell and Ríos-Rull，1996）及格罗斯曼和赫尔普曼（1998）提供了动态分析的两个例子。

［42］选举制度是复杂的，它们在很多方面存在不同。然而，比例制和多数制最显著的区别是比例制下，政党获得的席位与其获得的票数成比例；而在多数选举制下，在各地区获得最多数票的政党将获得该选区所有席位。总统制和议会制之间也存在很多差异，但最主要的差异是总统制中执行者和立法机关的权力严重分离，而在议会制中分离并不明显。

［43］参见 Persson and Tabellini（2003，chap. 7）。

［44］这些是霍尔和琼斯（1999）建立的反转变政策指标，即法制、官僚体制的质量、腐败、掠夺风险和政府拒绝承认合同的可能性。

［45］佩尔松（2003）提供了政治体制变化的时间序列证据，这证实了从国别横截面数据中得出的结论。

［46］参见钱德勒（Chandler，1997）对大型商业企业成长及其垂直一体化的论述，芬斯特拉（1998）对生产分工做了论述。

术语表

资本密集度（Capital intensity） 资本与劳动的比率。

柯布-道格拉斯生产函数（Cobb-Douglas production function）
参见生产函数（Production function）。

变异系数（Coefficient of variation）对相对离差的一种统计度
量，定义为一种分布的标准差与其均值的比率。

凹函数（Concave function） 随着 x 值越来越大，如果 x 增加
一个固定的值，$f(x)$ 增加的值越来越小，就说单变量函数 $f(x)$
是凹的。此定义能推广到多变量函数。

趋同（Convergence） 如果贫穷国家比富裕国家增长得快，就
发生了人均收入的趋同。在包含一些国家的一个横截面中，当人均
收入增长率与初始人均收入水平负相关时，通常称存在无条件的趋
同（unconditional convergence）。如果从每个国家的增长率中扣除影
响其平稳状态的变量的影响后这种相关关系存在，通常称存在有条
件的趋同（conditional convergence）。

横截面数据（Cross-section data）　在一个时间点表示一个总体中的差异的数据集。

十分位数（Decile）　一个分布中的十部分之一，每一部分包括临近的点，每一个十分位数的权重相等。十个部分从低到高排列，因此第一个十分位数包括分布中最低的点，而第十个十分位数包括分布中最高的点。

趋异（Divergence）　当贫穷国家比富裕国家增长缓慢时，人均收入上的趋异发生。

内生问题（Endogeneity problem）　当各种假定得到满足时，经济学中使用的最简单的估计方法——普通最小二乘法（OLS）（参见 Ordinary least squares）——提供了无偏估计。其中一个假定就是：当我们估计变量 X 对变量 Y 的影响时，变量 X 是外生的。当变量 X 不是外生的时，普通最小二乘法会产生一个有偏估计。从这个意义上说，我们面临一个内生问题。为正确解决此问题，通常使用两阶段最小二乘法（参见 Two stage least squares），用一个合适的工具变量（参见 Instrument）代替 X。

弹性（Elasticity）　变量 Y 对变量 X 的弹性度量 Y 对 X 变化的反应程度。它被定义为 X 增加 1% 导致 Y 增加的百分比。两种投入要素 K 和 L 的替代弹性被定义为 K 的相对成本下降 1% 时 K/L 上升的百分比。

外部性（Externality）　经济的外部性指一个变量对另一个变量的直接影响，但这种影响不是通过市场交易发生的。污染是负外部性的一个典型例子。当一家电厂污染环境时，靠近工厂的居民受到污染的损害。另一个例子是学习。当来自硅谷不同公司的高技能工人在社交场合相遇并讨论最近的技术进展时，他们互相学习，彼此之间施加了正的外部性。

要素含量（Factor content） 一种商品的要素含量度量用于生产此种商品的每种投入的数量。

国际贸易的要素比例理论（Factor proportions theory of international trade） 一种贸易理论，使用各国要素禀赋的不同来解释外贸结构。也称为赫克歇尔-俄林贸易理论（Heckscher-Ohlin trade theory），因为赫克歇尔和俄林为理论创建者。

固定效应（Fixed effect） 当估计特定变量 X_1，X_2，$\cdots$，X_n 对一个变量 Y 的影响时，若使用跨国和跨时的不同数据（参见 Panel data），通常有用的做法是：引入一个变量，该变量对每个国家是特定的，但不随时间推移而改变；或者引入一个变量，该变量对每一年是特定的，但不随国家而改变。它们分别考虑了未观察到的特定国家（固定）效应和未观察到的特定时间（固定）效应。

博弈（Game） 相互作用的一种策略形式，通常用来描述个人或企业间的相互作用。一个例子就是在一个市场上竞争的两个企业，它们在这个市场上都是主要的供应者。每个企业的策略也许是设定其产品的价格。这种博弈的一个解决办法是以两个价格为特征，每个企业采取一个价格，以至没有一个企业有激励偏离其价格。当一种博弈被进行很多次时，它被称为重复博弈。

通用目的技术（General purpose technology，GPT） 一种被广泛应用和普遍深入使用的技术，例如电力或者计算机。

几何平均（Geometric mean） 正的变量 X_1，X_2，$\cdots$，X_n 的（未加权的）几何平均为对它们的乘积开 n 次方。

基尼系数（Gini coefficient） 对收入不平等程度的一种度量。它基于洛仑兹曲线，洛仑兹曲线描绘了收入分配中人口累计百分比和收入累计百分比之间的对应关系，人口累计百分比在 0 和 1 之间变化。收入的平等分布由 45°直线的洛仑兹曲线代表。基尼系数被定义为完全平等的洛仑兹曲线和根据数据绘制的洛仑兹曲线间的面积与完全平等的洛仑兹曲线下面的整个面积的比率。

引力方程（Gravity equation） 国际贸易流量引力方程的最简单的形式假定，这些流量与贸易国家 GDP 水平的乘积成比例。引力方程较复杂的形式指定了影响比例的决定因素，一般包括交通成本等度量贸易摩擦的变量。

希克斯中性技术变化（Hicks-neutral technical change） 指这样一种生产率变化：当生产要素资本和劳动的比例不变时，技术进步前后劳动的边际产量与资本的边际产量之比保持不变。

工具变量（Instrument） 当遇到内生问题时，从影响变量 Y 的变量 X 的方面说，我们所寻求的估计不是外生的，如果能为 X 找到一个合适的工具变量，我们就能估计 X 对 Y 的影响。X 的合适的工具变量为外生的变量 Z，Z 与 X 相关但与 Y 和 X 间关系的余值不相关。如果可以利用这样一个工具变量，就能用两阶段最小二乘法来估计 X 对 Y 的影响。

对数线性近似（Log-linear approximation） 一个泰勒展开形式的近似，其中所有变量均被转化为原始变量的自然对数。

资本的边际产品/生产率（Marginal product/productivity of capital） 资本存量增加一单位时相应产出的增加。

中位数（Median） 一个分布的中位数位于这样一点：分布中一半的数位于这一点之下，一半的数位于这一点之上。一个中间投票人是这样一个投票人：高于他偏好值的人数和低于他偏好值的人数正好相等。

新古典增长模型（Neoclassical growth model） 索洛建立的增长模型，包括把它扩展到多种投入和内生储蓄率的模型。

普通最小二乘法（Ordinary least squares，OLS） 一种统计方法，用于估计一系列变量 X_1，X_2，$\cdots$，X_n 对变量 Y 的影响。这种估计方法寻求能够最小化 Y 与预期值离差平方和的参数。

面板数据（Panel data） 随着时间推移由重复的横截面构成的一个数据集。

生产函数（Production function） 表示投入要素组合与产出水平之间的关系的函数。柯布-道格拉斯生产函数有一特定的函数形式，其中产出水平等于投入要素的乘积，每一投入要素上方有一固定的幂，这些幂加起来等于 1。

生产率（Productivity） 度量一种生产关系的效率。

五分位数（Quintile） 一个分布中的五部分之一，每一部分包括临近的点，每一个五分位数的权重相等。五个部分从低到高排列，因此第一个五分位数包括分布中最低的点，而第五个五分位数包括分布中最高的点。

回报率（Rate of return） 一项投资的百分比回报。例如，如果一项 100 美元的投资一年后的回报为 105 美元，那么年回报率为$(105-100)/100=0.05$，即 5%。私人回报率度量对于一个私人投资者的回报率。社会回报率度量对于社会的回报率。

理性预期（Rational expectation） 基于所有可利用的信息做出的预期。

研发溢出效应（R&D spillover） 一方进行的研发对另一方所产生的有益影响。

回归（Regression） Y 对 X_1，X_2，$\cdots$，X_n 的回归意味着进行

一种程序，以估计每一变量 X_1，X_2，…，X_n 对 Y 的单独影响。

规模报酬（Returns to scale）　规模报酬度量投入要素成比例的扩张对产出的影响。如果投入要素成比例的扩张以相同比率提高产出，我们就说存在规模报酬不变；如果产出的扩张比率超过了投入要素的扩张比率，就认为存在规模报酬递增；如果产出扩张的比率较投入要素的扩张比率低，就认为存在规模报酬递减。

斯皮尔曼秩相关系数（Spearman rank correlation coefficient）一个统计量，度量两个变量间秩联系的强度，即，它度量一个变量产生的结果的秩与另一个变量产生的结果的秩的接近程度。

贸易条件（Terms of trade）　出口价格指数与进口价格指数的比率。

泰尔系数（Theil coefficient）　是对不平等程度的一种度量。它可以是一种收入加权的指数，也可以是一种人口加权的指数。以收入份额为权重，把每组收入份额与人口份额之比的自然对数加权平均，就得到收入加权的指数。以人口份额为权重，把每组人口份额与收入份额之比的自然对数加权平均，就得到人口加权的指数。

全要素生产率（Total factor productivity，TFP）　对所有投入要素在生产过程中的利用效率的一种简单度量。

转换概率（Transition probability）　从一种状态转换到另一种状态的概率。

两阶段最小二乘法（Two-stage least squares）　当存在内生问题时估计 X 对 Y 的影响的一种方法。这种方法的步骤包括：在第一阶段估计一个工具变量 Z 对 X 的影响，在第二阶段估计从第一阶段中得出的 X 的预测值对 Y 的影响。当 Z 满足一个工具变量的条件时，第二阶段的估计提供了 X 对 Y 的影响的无偏估计。

参考文献

Abramovitz, Moses. 1956. "Resource and Output Trends in the United States since 1870." *American Economic Review (Papers and Proceedings)* 46: 5—23.

Acemoglu, Daron. 1998. "Technical Change, Inequality, and the Labor Market." *Quarterly Journal of Economics* 113: 1055—1089.

——2002a. "Why Do New Technologies Complement Skills? Directed Technical Change and Wage Inequality." *Journal of Economic Literature* 40: 7—72.

——2002b. "Directed Technical Change." *Review of Economic Studies* 69: 781—809.

——2003. "Patterns of Skill Premia." *Review of Economic Studies* 70: 199—230.

Acemoglu, Daron, Philippe Aghion, and Fabrizio Zilibotti. 2002. "Vertical Integration and Distance to Frontier." NBER Working Paper no. 9191.

——2003. "Distance to Frontier, Selection, and Economic Growth." Photocopy.

Acemoglu, Daron, and Joshua D. Angrist. 2001. "How Large Are the Social Returns to Education? Evidence from Compulsory Attendance Laws." *NBER Macroeconomic Annual 2001*, vol. 16, 9—59.

Acemoglu, Daron, and Simon Johnson. 2003, "Unbundling Institutions." NBER Working Paper no. 9934.

Acemoglu, Daron, Simon Johnson, and James A. Robinson. 2001. "The Colonial Origins of Comparative Development: An Empirical Investigation. " *American Economic Review* 91: 1369—1401.

——2002. "Reversal of Fortune: Geography and Institutions in the Making of the Modern World Income Distribution. " *Quarterly Journal of Economics* 117: 1231—1294.

Acemoglu, Daron, and James A. Robinson. 2003. "Economic Origins of Dictatorship and Democracy. " Manuscript. January.

Acemoglu, Daron, and Jaume Ventura. 2002. "The World Income Distribution. " *Quarterly Journal of Economics* 117: 659—694.

Aghion, Philippe, Alberto Alesina, and Francesco Trebbi. 2003. "Endogenous Political Institutions. " Photocopy.

Aghion, Philippe, Eve Caroli, and Cecilia García-Peñalosa. 1999. "Inequality and Economic Growth: The Perspective of the New Growth Theories. " *Journal of Economic Literature* 37: 1615—1660.

Aghion, Philippe, Christopher Harris, Peter Howitt, and John Vickers. 2001. "Competition, Imitation and Growth with Step-by -Step Innovation. " *Review of Economic Studies* 68: 467—492.

Aghion, Philippe, and Peter Howitt. 1992. "A Model of Growth through Creative Destruction. " *Econometrica* 60: 323—351.

——Forthcoming. "Growth with Quality-Improving Innovations: An Integrated Framework. " In Philippe Aghion and Steven N. Durlauf, eds. , *Handbook of Economic Growth*. Amsterdam: Elsevier.

Alesina, Alberto, Arnaud Devleeschauwer, William Easterly, and Romain Wacziarg. 2003. "Fractionalization. " *Journal of Economic Growth* 8: 155—194.

Alesina, Alberto, and Dani Rodrik. 1994. "Distribution Politics and Economic Growth. " *Quarterly Journal of Economics* 109: 465—490.

Alesina, Alberto, Enrico Spolaore, and Romain Wacziarg. 2003. "Trade Growth, and the Size of Countries. " Harvard Institute for Economic Research Discussion Paper 1995.

Arrow, Kenneth J. 1962a. "The Economic Implications of Learning by Doing. " *Review of Economic Studies* 29: 155—173.

——1962b. "Economic Welfare and the Allocation of Resources for Invention. " In *The Rate of Return and Direction of Inventive Activity: Economic and Social Factors*. NBER Special Conference Series, vol. 13. Princeton: Princeton University Press.

——1974. *The Limits of Organization*. New York: W. W. Norton and Company.

Autor, David H. , Lawrence F. Katz, and Alan B. Krueger. 1998. "Computing Inequality: Have

Computers Changed the Labor Market?" *Quarterly Journal of Economics* 113: 1169—1213.

Bairoch, Paul. 1993. *Economics and World History*. Chicago: University of Chicago Press.

Banerjee, Abhijit V. , and Esther Duflo. 2003. "Inequality and Growth: What Can the Data Say?" *Journal of Economic Growth* 8: 267—299.

Bardhan, Pranab K. 1970. *Economic Growth, Development, and Foreign Trade*. New York: Wiley.

Barro, Robert J. 1991. "Economic Growth in a Cross Section of Countries. " *Quarterly Journal of Economics* 106: 407—443.

——1997. *Determinants of Economic Growth*. Cambridge: MIT Press.

—— "Inequality and Growth in a Panel of Countries. " *Journal of Economic Growth* 5: 5—32.

Barro, Robert J. , Gregory N. Mankiw, and Xavier Sala-i-Martin. 1995. "Capital Mobility in Neo-classical Models of Growth. " *American Economic Review* 85: 103—115.

Barro, Robert J. , and Xavier Sala-i-Martin. 1992. "Convergence. " *Journal of Political Economy* 100: 223—258.

Baumol, William J. , Sue Anne Batey Blackman, and Edward J. Wolff. 1989. *Productivity and American Leadership: The Long View* Cambridge: MIT Press.

Bayoumi, Tamim, David T. Coe, and Elhanan Helpman. 1999. "R&D Spillovers and Global Growth. " *Journal of International Economics* 47: 399—428.

Beaudry, Paul, and David A. Green. 2003. "Wages and Employment in the United States and Germany: What Explains the Differences?" *American Economic Review* 93: 573—602.

Becker, Gary S. , Kevin M. Murphy, and Robert Tamura. 1990. "Human Capital, Fertility, and Economic Growth. " *Journal of Political Economy* 98: S12—S37.

Ben-David, Dan. 1993. "Equalizing Exchange: Trade Liberalization and Income Convergence. " *Quarterly Journal of Economics* 108: 653—679.

Berman, Eil, John Bound, and Zvi Griliches. 1994. "Changes in the Demand for Skilled Labor in U. S. Manufacturing Industries: Evidence from the Annual Survey of Manufacturing. " *Quarterly Journal of Economics* 109: 367—398.

Berman, Eli, John Bound, and Stephen Machin. 1998. "Implications of Skill-Biased Technological Change: International Evidence. " *Quarterly Journal of Economics* 113: 1245—1279.

Berman, Eli, and Stephen Machin. 2002. "Skill-Biased Technology Transfer: Evidence of Factor Biased Technological Change in Developing Countries. " Photocopy.

Bernstein, Jeffrey, I. , and Pierre Mohnen. 1998. "International R&D Spillovers between U. S. and Japanese R&D Intensive Sectors. " *Journal of International Economics* 44: 315—338.

Bhagwati, Jagdish. 1958. "Immiserizing Growth: A Geometric Note. " *Review of Economic Studies* 25: 201—205.

Blomström, Magnus, Robert E. Lipsey, and Mario Zejan. 1996. "Is Fixed Investment the Key to Economic Growth?" *Quarterly Journal of Economics* 111: 269—276.

Booth, Alan, Joseph Melling, and Christoph Dartmann. 1997. "Institutions and Economic Growth: The Politics of Productivity in West Germany, Sweden, and the United Kingdom, 1945—1955. " *Journal of Economic History* 57: 416—447.

Borjas, George J. , Richard B. Freeman, and Lawrence F. Katz. 1997. "How Much Do Immigration and Trade Affect Labor Market Outcome?" *Brookings Papers on Economic Activity*, vol. 1, 1—90.

Botero, Juan, Simeon Djankow, Raphael La Porta, Florencio Lopez-de-Silanes, and Andrei Shleifer. 2003. "The Regulation of Labor. " NBER Working Paper no. 9756.

Bourguignon, François. 1979. "Decomposable Income Inequality Measures. " *Econometrica* 47: 901—920.

Bourguignon, François, and Christian Morrisson. 2002. "Inequality among World Citizens: 1820—1992. " *American Economic Review* 92: 727—744.

Bresnahan, Timothy, and Manuel Trajtenberg. 1995. "General Purpose Technologies: 'Engines of Growth'. " *Journal of Econometrics* 65: 83—108.

Caselli, Francesco. 1999. "Technological Revolutions. " *American Economic Review* 89: 78—102.

Caselli, Francesco, and Wilbur John Coleman II. 2001. "Cross-Country Technology Diffusion: The Case of Computers. " *American Economic Review* (*Papers and Proceedings*) 91: 328—335.

——2003. "The World Technology Frontier. " Photocopy. (Revised Version of NBER Working Paper No. 7904, 2000.)

Caselli, Francesco, Gerardo Esquivel, and Fernando Lefort. 1996. "Reopening the Convergence Debate: A New Look at Cross-Country Growth Empirics. " *Journal of Economic Growth* 1: 363—389.

Cass, David. 1965. "Optimum Growth in an Aggregative Model of Capital Accumulation. " *Review of Economic Studies* 32: 223—240.

Chandler, Alfred D. , Jr. 1977. *The Visible Hand*. Cambridge: Harvard University Press.

Clemens, Michael, and Jeffrey G. Williamson. 2002. "Why Did the Tariff-Growth Correlation Reverse after 1950?" NBER Working Paper no. 9181.

参考文献

Coatsworth，John H. 1993. "Notes on the Comparative Economic History of Latin America and the United States." In Walther L. Bernecker and Hans Werner Tobler，eds.，*Development and Underdevelopment in America*. New York：Walter de Gruyter.

Coe，David T.，and Elhanan Helpman. 1995. "International R&D Spillovers." *European Economic Review* 39：859—887.

Coe，David T.，Elhanan Helpman，and Alexander W. Hoffmaister. 1997. "North-South R&D Spillovers." *Economic Journal* 107：134—149.

Cohen，Daniel，and Marcelo Soto. 2001. "Growth and Human Capital：Good Data，Good Results." Discussion Paper no. 3025，Centre for Economic Policy Research.

Conçeicão，Pedro，and Pedro Ferreira. 2000. "The Young Person's Guide to the Theil Index：Suggesting Intuitive Interpretations and Exploring Analytical Applications." UTIP Working Paper no. 14.

David，Paul. 1991. "Computer and Dynamo：The Modern Productivity Paradox in a Not-Too-Distant Mirror." In *Technology and Productivity：The Challenge for Economic Policy*. Paris：OECD.

Deininger，Klaus，and Lyn Squire. 1996. "Measuring Income Inequality：A New Data Base." *World Bank Economic Review* 10：565—591.

——1998. "New Ways of Looking at Old Issues：Inequality and Growth." *Journal of Development Economics* 57：259—287.

De Long，Bradford J.，and Andrei Shleifer. 1993. "Princess and Merchants：European City Growth before the Industrial Revolution." *Journal of Law and Economics* 39：671—702.

Desjonqueres，Thibaut，Stephen Machin，and John Van Reenen. 1999. "Another Nail in the Coffin? Or Can the Trade Based Explanation of Changing Skill Structures Be Resurrected?" *Scandinavian Journal of Economics* 101：533—554.

DiNardo，John E.，Nicole M. Fortin，and Thomas Lemieux. 1996. "Labor Market Institutions and the Distribution of Wages，1973—1992：A Semi-Parametric Approach." *Econometrica* 64：1001—1044.

Dixit，Avinash. Forthcoming. *Lawlessness and Economics*. Princeton：Princeton University Press.

Djankow，Simeon，Edward L. Glaeser，Raphael La Porta，Florencio Lopez-de-Silanes，and Andrei Shleifer. 2003. "The New Comparative Economics." *Journal of Comparative Economics* 31：595—619.

Djankov, Simeon, Raphael La Porta, Florencio Lopez-de-Silanes, and Andrei Shleifer. 2002. "The Regulation of Entry. " *Quarterly Journal of Economics* 117: 1—37.

——2003. "Courts. " *Quarterly Journal of Economics* 118: 453—517.

Dollar, David. 1992. "Outward Oriented Developing Economies Really Do Grow More Rapidly: Evidence From 95 LDCs, 1976—1985. " *Economic Development and Cultural Change* 40: 523—544.

Dollar, David, and Aart Kraay. 2002. "Growth Is Good for the Poor. " *Journal of Economic Growth* 7: 195—225.

Du Boff, R. B. 1967. "The Introduction of Electric Power in American Manufacturing. " *Economic History Review* 20: 509—518.

Durlauf, Steven N. , and Danny T. Quah. 1999. "The New Empirics of Economic Growth. " In John B. Taylor and Michael Woodford, eds. , *Handbook of Macroeconomics*, vol. 1A. Amsterdam: Elsevier.

Dynan, Karen E. , Jonathan Skinner, and Stephen P. Zeldes. Forthcoming. "Do the Rich Save More?" *Journal of Political Economy*.

Easterly, William, and Ross Levine. 2001. "It's Not Factor Accumulation: Stylized Facts and Growth Models. " *World Bank Economic Review* 15: 177—219.

——2003. "Tropics, Germs, and Crops: How Endowments Influence Economic Development. " *Journal of Monetary Economics* 50: 3—39.

Eaton, Jonathan, and Samuel Kortum. 1996. "Trade in Ideas: Patenting and Productivity in the OECD. " *Journal of International Economics* 40: 251—278.

——1999. "International Technology Diffusion: Theory and Measurement. " *International Economic Review* 40: 537—570.

Edwards, Sebastian. 1992. "Trade Orientation, Distortions, and Growth in Developing Countries. " *Journal of Development Economics* 39: 31—57.

——1993. "Openness, Trade Liberalization, and Growth in Developing Countries. " *Journal of Economic Literature* 31: 1358—1393.

Engelbrecht, Hans-Juergen. 1997. "International R&D Spillovers, Human Capital, and Productivity in OECD Economies: An Empirical Investigation. " *European Economic Review* 41: 1479—1488.

Engerman, Stanley L. , and Kenneth L. Sokoloff. 1997. "Factor Endowments, Institutions, and Differential Paths of Growth among New World Economies: A View from Economic Historians of the

United States." In Stephen Haber, ed., *How Latin America Fell Behind*. Stanford: Stanford University Press.

Estevadeordal, Antoni, Brian Frantz, and Alan M. Taylor. 2003. "The Rise and Fall of World Trade: 1870—1939." *Quarterly Journal of Economics* 118: 359—407.

Fan, Emma X. 2002. "Technological Spillovers from Foreign Direct Investment—A Survey." Asian Development Bank, ERD Working Paper no. 33.

Feder, Gershon. 1982. "On Exports and Economic Growth." *Journal of Development Economics* 12: 59—73.

Feenstra, Robert C. 1998. "Integration of Trade and Disintegration of Production in the Global Economy." *Journal of Economic Perspectives* 12: 31—50.

Feenstra, Robert C., and Gordon H. Hanson. 1996. "Foreign Investment, Outsourcing, and Relative Wages." In Robert C. Feenstra, Gene M. Grossman, and Douglas A. Irwin eds., *The Political Economy of Trade Policy: Papers in Honor of Jagdish Bhagwati*. Cambridge: MIT Press.

——1999. "Productivity Measurement and the Impact of Trade and Technology on Wages: Estimates for the U. S., 1972—1990." *Quarterly Journal of Economics* 114: 907—940.

——2003. "Global Production Sharing and Rising Inequality: A Survey of Trade and Wages." in Kwan Choi and James Harrigan, eds., *Handbook of International Trade*. New York: Basil Blackwell.

Forbes, Kistin J. 2000. "A Reassessment of the Relationship between Inequality and Growth." *America Economic Review* 90: 869—887.

Frankel, Jeffrey A., and David Romer. 1996. "Trade and Growth: An Empirical Investigation." NBER Working Paper no. 5476.

——1999. "Does Trade Cause Growth?" *American Economic Review* 89: 379—399.

Galor, Oded, and Tomer Moav. 2002. "Natural Selection and the Origin of Economic Growth." *Quarterly Journal of Economics* 117: 1133—1191.

——Forthcoming. "From Physical to Human Capital Accumulation: Inequality and the Process of Development." *Review of Economic Studies*.

Galor, Oded, and Andrew Mountford. 2003. "Trade, Demographic Transition, and the Great Divergence: Why Are a Third of People Indian and Chinese." Brown University, January 13. Photocopy.

Galor, Oded, and Daniel Tsiddon. 1997. "Technological Progress, Mobility, and Economic Growth." *American Economic Review* 87: 363—382.

Galor, Oded, and David N. Weil. 2000. "Population, Technology, and Growth: From the Malthusian Regime to the Demographic Transition." *American Economic Review* 90: 806—828.

Galor, Oded, and Joseph Zeira. 1993. "Income Distribution and Macroeconomics." *Review of Economic Studies* 60: 35—52.

Gawande, Kishore, and Pravin Krishna. 2003. "The Political Economy of Trade Policy: Empirical Approaches." in Kwan Choi and James Harrigan, eds., *Handbook of International Trade*. New York: Basil Blackwell.

Glaeser, Edward L., and Andrei Shleifer. 2002. "Legal Origins." *Quarterly Journal of Economics* 117: 1193—1229.

Goldberg, Penelopi K., and Giovanni Maggi. 1999. "Protection for Sale: An Empirical Investigation." *American Economic Review* 89: 833—850.

Goldin, Claudia, and Lawrence F. Katz. 1998. "The Origins of Technology-Skill Complementarity." *Quarterly Journal of Economics* 113: 693—732.

——2001. "The Legacy of U. S. Educational Leadership: Notes on Distribution and Economic Growth in the 20th Century." *American Economic Review* (*Papers and Proceedings*) 91: 18—23.

Gordon, Robert J. 2000. "Interpreting the 'One Big Wave' in U. S. Long Term Productivity Growth." NBER Working Paper no. 7752.

Greenwood, Jeremy, Zvi Hercowiz, and Per Krusell. 1997. "Long-Run Implications of Investment-Specific Technological Change." *American Economic Review* 87: 342—362.

Greenwood, Jeremy, and Boyan Jovanovic. 1999. "The Information-Technology Revolution and the Stock Market." *American Economic Review* (Papers and Proceedings) 89: 116—122.

Greenwood, Jeremy, and Mehemer Yorokolgu. 1997. "1974." *Carnegie-Rochester Conference Series on Public Policy*, vol. 46, 49—95.

Greif, Avner. 1993. "Contact Enforceability and Economic Institutions in Early Trade: The Maghribi Traders' Coalition." *American Economic Review* 83: 525—548.

——N. d. "Institutions: Theory and History." Manuscript.

Griffith, Rachel, Stephen Redding, and John Van Reenen. 2003. "R&D and Absorptive Capacity: Theory and Empirical Evidence." *Scandinavian Journal of Economics* 105: 99—118.

Griliches, Zvi. 1969. "Capital-Skill Complementarity." *Review of Economics and Statistics* 51: 465—468.

——1979. "Issues in Assessing the Contribution of Research and Development in Productivity Growth." *Bell Journal of Economics* 10: 92—116.

——1992. "The Search for R&D Spillovers." *Scandinavian Journal of Economics* 94: 29—47.

——2000. "*R&D, Education, and Productivity.*" Cambridge: Harvard University Press.

Grossman, Gene M., and Elhanan Helpman. 1991a. "Quality Ladders in the Theory of Growth." *Review of Economic Studies* 58: 43—61.

——1991b. *Innovation and Growth in the Global Economy.* Cambridge: MIT Press.

——1994a. "Endogenous Innovation in the Theory of Growth." *Journal of Economic Perspectives* 8: 23—44.

——1994b. "Protection for Sale." *American Economic Review* 84: 833—850.

——1995. "Technology and Trade." In Gene M. Grossman and Kenneth Rogoff, eds., *Handbook of International Economics*, vol. 3 Amsterdam: Elsevier.

——1996. "Electoral Competition and Special Interest Politics." *Review of Economic Studies* 63: 265—286.

——1998. "Intergenerational Redistribution with Short-lived Governments." *Economic Journal* 108: 1299—1329.

——2001. *Special Interest Politics.* Cambridge: MIT Press.

Hall, Robert E., and Charles I. Jones. 1999. "Why Do Some Countries Produce So Much More Output per Worker than Others?" *Quarterly Journal of Economics* 114: 83—116.

Hanushek, Eric, and Dennis D. Kimko. 2000. "Schooling, Labor-Force Quality, and the Growth of Nations." *American Economic Review* 90: 1184—1208.

Hejazi, Walid, and Edward A. Safarian. 1999. "Trade, Foreign Direct Investment, and R&D Spillovers." *Journal of International Business Studies* 30: 491—511.

Helpman, Elhanan, ed. 1998. *General Purpose Technologies and Economic Growth.* Cambridge: MIT Press.

Helpman, Elhanan, and Paul R. Krugman. 1985. *Market Structure and Foreign Trade.* Cambridge: MIT Press.

Helpman, Elhanan, and Antonio Rangel. 1999. "Adjusting to a New Technology: Experience and Training." *Journal of Economic Growth.* 4: 359—383.

Helpman, Elhanan, and Manuel Trajtenberg. 1998. "A Time to Sow and a Time to Reap: Growth

Based on General Purpose Technologies." In Elhanan Helpman, ed., *General Purpose Technologies and Economic Growth*. Cambridge: MIT Press.

Hornstein, Andreas, and Per Krusell. 1996. "Can Technology Improvements Cause Productivity Slowdowns?" *NBER Macroeconomic Annual* 1996, vol. 11, 209－259.

Howitt, Peter. 1999. "Steady State Growth with Population and R&D Inputs Growing." *Journal of Political Economy* 107: 715－730.

——2000. "Endogenous Growth and Cross-Country Income Differences." *American Economic Review* 90: 829－846.

Huntington, Samuel P. 1968. *Political Order in Changing Societies*. New Haven: Yale University Press.

IMF. 2001. *World Economic Outlook : October, 2001*. Washington, DC: IMF.

Irwin, Douglas A., and Peter J. Klenow. 1994. "Learning by Doing Spillovers in the Semiconductor Industry." *Journal of Political Economy* 102: 1200－1227.

Irwin, Douglas A., and Marko Terviö. 2002. "Does Trade Raise Income? Evidence from the Twentieth Century." *Joural of International Economics* 58: 1－18.

Islam, Nazrul. 1995. "Growth Empirics: A Panel Data Approach." *Quarterly Journal of Economics* 110: 1127－1170.

——2001. "Different Approaches to Comparison of Total Factor Productivity." In Charles R. Hulten, Edwin R. Dean, and Michael J. Harper, eds., *New Developments in Productivity Analysis*. Chicago: University of Chicago Press.

Jaffe, Adam B., and Manuel Trajtenberg. 2002. *Patents, Citations, and Innovations*. Cambridge: MIT Press.

Jones, Charles I. 1995a. "Time Series Tests of Endogenous Growth Models." *Quarterly Journal of Economics* 110: 495－525.

——1995b. "R&D-Based Models of Economic Growth." *Journal of Political Economy* 103: 759－784.

——1997. "On the Evolution of the World Income Distribution." *Journal of Economic Perspectives* 11: 19－36.

——2002. "Sources of U. S. Economic Growth in a World of Ideas." *American Economic Review* 92: 220－239.

参考文献

Jones, Larry E. , and Rodolfo E. Manuelli. 1990. "A Convex Model of Equilibrium Growth: Theory and Policy Implications." *Journal of Political Economy* 98: 1008—1038.

Jorgenson, Dale W. 2001. "Information Technology and the U. S. Economy." *American Economic Review*. 91: 1—32.

——N. d. "Information Technology and the G7 Economies." Harvard University. Photocopy.

Jorgenson, Dale W. , and Zvi Griliches. 1967. "The Explanation of Productivity Change." *Review of Economic Studies* 34: 249—283.

Jorgenson, Dale W. , and Eric Yip. 2001. "Whatever Happened to Productivity Growth?" In Charles R. Hulten, Edwin R. Dean, and Michael J. Harper, eds. , *New Developments in Productivity Analysis*. Chicago: University of Chicago Press.

Kaldor, Nicholas. 1955—1956. "Alternative Theories of Distribution." *Review of Economic Studies* 23: 94—100.

Katz, Larry F. , and David H. Autor. 1999. "Changes in the Wage Structure and Earnings Inequality." In Orley C. Ashenfelter and David Card, eds. , *Handbook of Labor Economics*, vol. 3A. Amsterdam: Elsevier.

Katz, Larry F. , and Kevin M. Murphy. 1992. "Changes in Relative Wages, 1963—1987: Supply and Demand Factors." *Quarterly Journal of Economics* 107: 35—78.

Keller, Wolfgang. 1998. "Are International R&D Spillovers Trade-Related? Analyzing Spillovers among Randomly Marched Trade Partners." *European Economic Review* 42: 1469—1481.

——2001. "Knowledge Spillovers at the World's Technology Frontier." Discussion Paper no. 2815. CEPR.

Khan, Zonina B. , and Kenneth L. Sokolott. 2001. "The Early Development of Intellectual Property Institutions in the United States." *Journal of Economic Perspectives* 15: 233—246.

King, Robert G. , and Sergio T. Rebelo. 1993. "Transitional Dynamics and Economic Growth in the Neoclassical Model." *American Economic Review* 83: 908—931.

Klenow, Peter J. , and Andrés Rodríguez-Clare. 1997. "The Neoclassical Revival in Growth Economics: Has It Gone Too Far?" *NBER Macroeconomics Annual* 1997, vol. 12. 73—103.

Knack, Stephen, and Philip Keefer. 1995. "Institutions and Economic Performance: Cross-Country Tests Using Alternative Measures." *Economics and Politics* 7: 207—227.

Kremer, Michael. 1993. "Population Growth and Technological Change: One Million B.C. to 1990. "

Quarterly Journal of Economics 107: 681—716.

Krueger, Alan B. , and Mikael Lindahl. 2001. "Education for Growth: Why and for Whom?" *Journal of Economic Literature* 39: 1101—1136.

Krueger, Anne O. 1968. "Factor Endowments and Per Capita Income Differences among Countries. " *Economic Journal* 78: 641—659.

Krugman, Paul R. 1987. "The Narrow Moving Band, The Dutch Disease and the Competitive Consequences of Mrs. Thatcher: Notes on Trade in the Presence of Dynamic Scale Economies. " *Journal of Development Economics* 27: 41—55.

——1994. "The Myth of Asia's Miracle. " *Foreign Affairs* 73: 62—78.

——1995. "Growing World Trade: Causes and Consequences. " *Brookings Papers on Economic Activity*, vol. 1, 327—362.

——2000. "Technology, Trade, and Factor Prices. " *Journal of International Economics* 50:51—72.

Krusell, Per, Lee E. Ohanian, José-Victor Ríos-Rull, and Giovanni L. Violante. 2000. "Capital-Skill Complementarity and Inequality: A Macroeconomic Analysis. " *Econometrica* 68: 1029—1053.

Krusell, Per, and José-Victor Ríos-Rull. 1996. "Vested Interests in a Positive Theory of Stagnation and Growth. " *Review of Economic Studies* 63: 301—329.

Kuznets, Simon. 1955a. "Economic Growth and Income Inequality. " *American Economic Review* 45: 1—28.

——1955b. "Quantitative Aspects of the Economic Growth of Nations: Ⅷ. Distribution and Income by Size. " *Economic Development and Cultural Change* 12: 1—80.

Kuznets, Simon. 1966. *Modern Economic Growth*. New Haven: Yale University Press.

Landes, David S. 1969. *The Unbound Prometheus*. Cambridge: Cambridge University Press.

——1998. *The Wealth and Poverty of Nations*. New York: W. W. Norton and Company.

Lane, Philip R. , and Gian Maria Milesi-Ferretti. 2001. "The External Wealth of Nations: Measures of Foreign Assets and Liabilities for Industrial and Developing Countries. " *Journal of International Economics* 55: 263—294.

La Porta, Rafael, Florencio Lopez-de-Silanes, Andrei Shleifer, and Robert W. Vishny. 1998. "Law and Finance. " *Journal of Political Economy* 106: 1113—1155.

——1994. "The Quality of Government. " *Journal of Law, Economics, and Organization* 15:

222—279.

Lawrence, Robert, and Matthew J. Slaughter. 1993. "International Trade and American Wages in the 1980s: Giant Sucking Sound or Small Hiccup?" *Brookings Papers on Economic Activity*, vol. 1, 161—226.

Leamer, Edward E. 1988. "Measures of Openness." In Robert E. Baldwin, ed. , *Trade Policy Issues and Empirical Analysis*. Chicago: University of Chicago Press.

——1998. "In Search of Stolper-Samuelson Linkages Between International Trade and Lower Wages." In Susan M. Collins, ed. , *Imports, Exports, and the American Worker*. Washington, D. C. : Brookings Institution Press.

——2000. "What's the Use of Factor Content?" *Journal of International Economics* 50: 17—50.

Levine, Ross, and David Renelt. 1992. "A Sensitivity Analysis of Cross Country Growth Regressions." *American Economic Review* 82: 942—963.

Lichtenberg, Frank R. , and Bruno van Pottelsberghe de la Potterie. 1998. "International R&D Spillovers: A Comment." *European Economic Review* 42: 1483—1491.

Lindert, Peter H. , and Jeffrey G. Williamson. 1985. "Growth, Equality and History." *Explorations in Economic History* 22: 341—377.

Lipset, Seymour M. 1959. "Some Social Requisites of Democracy: Economic Development and Political Legitimacy." *American Political Science Review* 53: 69—105.

Lipsey, Richard G. , Cliff Bekar, and Kenneth Carlaw. 1998. "What Requires Explanation?" In Elhanan Helpman, ed. , *General Purpose Technologies and Economic Growth*. Cambridge: MIT Press.

Lockwood, William W. 1954. *The Economic Development of Japan: Growth and Structural Change, 1868—1938*. Princeton: Princeton University Press.

Lucas, Robert E. , Jr. 1988. "On the Mechanics of Economic Development." *Journal of Monetary Economics* 22: 3—42.

——1990. "Why Doesn't Capital Flow from Rich to Poor Countries?" *American Economic Review (Papers and Proceedings)* 80: 92—96.

——2002. *Lectures on Economic Growth*. Cambridge: Harvard University Press.

Lundberg, Mattias, and Lyn Squire. 2003. "The Simultaneous Evolution of Growth and Inequality." *Economic Journal* 113: 326—344.

Maddison, Angus. 1979. "Per Capita Output in the Long Run." *Kyklos* 32: 412—429.

——1982. *Phases of Capitalist Development*. New York: Oxford University Press.

——1995. *Monitoring The World Economy: 1820—1992*. Paris: OECD.

——2001. *The World Economy: A Millennial Perspective*. Paris: OECD.

Mankiw, N. Gregory. 1995. "The Growth of Nations." *Brookings Papers on Economic Activity*, vol. 1, 275—326.

Mankiw, N. Gregory, David Romer, and David N. Weil. 1992. "A Contribution to the Empirics of Economic Growth." *Quarterly Journal of Economics* 107: 407—438.

Marshall, Alfred. 1920. *Principles of Economics*. 8th ed. London: Macmillan.

Matsuyama, Kiminori. 1992. "Agricultural Productivity, Comparative Advantage, and Economic Growth." *Journal of Economic Theory* 58: 317—334.

Mauro, Paulo. 1995. "Corruption and Growth." *Quarterly Journal of Economics* 110: 681—712.

Mitch, David. 2001. "The Rise of Mass Education and Its Contribution to Economic Growth in Europe, 1800—2000." Prepared for the Fourth European Historical Economics Society Conference, Merton College, Oxford.

Mitra, Daveshin, Dimitrios D. Thomakos, and Mehmet A. Ulubaşoğlu. 2002. " 'Protection for Sale' in a Developing Country: Democracy versus Dictatorship." *Review of Economics and Statistics* 84: 497—508.

Mohnen, Pierre. 1992. *The Relation between R&D and Productivity Growth in Canada and Other Major Industrial Countries*. Ottawa: Economic Council of Canada.

——1996. "R&D Externalities and Productivity Growth." *STI Review*, no. 18, 39—66.

Mokyr, Joel. 1990. *The Lever of Riches*. New York: Oxford University Press.

——2002. *The Gifts of Athena*. Princeton: Princeton University Press.

Moretti, Enrico. 2002. "Estimating the Social Return to Higher Education: Evidence from Longitudinal and Repeated Cross-Sectional Date." NBER Working Paper no. 9108.

Mulligan, Casey, and Xavier Sala-i-Martin, 1993. "Transitional Dynamics in Two-Sector Models of Economic Growth." *Quarterly Journal of Economics* 108: 739—773.

——2003. "Do Democracies Have Different Public Policies than Nondemocracies?" NBER Working Paper no. 10040.

North, Douglass C. 1981. *Structure and Change in Economic History*. New York: W. W. Norton and Company.

——1990. *Institutions, Institutional Change, and Economic Performance*. Cambridge: Cambridge University Press.

North, Douglass, C., William Summerhill, and Barry R. Weingast. 2000. "Order, Disorder, and Economic Change: Latin America versus North America." In Bruce Bueno de Mesquita and Hilton Root, eds., *Governing for Prosperity*. New Haven: Yale University Press.

Olson, Mancur. 1965. *The Logic of Collective Action*. Cambridge: Harvard University Press.

——1982. *The Rise and Decline of Nations*. New Haven: Yale University Press.

O'Rourke, Kevin. 2000. "Tariffs and Growth in the Late 19th Century." *Economic Journal* 110: 456—483.

O'Rourke, Kevin, and Jeffrey G. Williamson. 1999. *Globalization and History: the Evolution of a Nineteenth Century Atlantic Economy*. Cambridge: MIT Press.

Parents, Stephen L., and Edard C. Prescott. 2000. *Barriers to Riches*. Cambridge: MIT Press.

Paukert, Felix. 1973. "Income Distribution at Different Levels of Development: A Survey of Evidence." *International Labor Review* 108: 97—125.

Perotti, Roberto. 1996. "Growth, Income Distribution, and Democracy: What the Data Say." *Journal of Economic Growth* 1: 149—187.

Persson, Torsten. 2003. "Consequences of Constitutions." Presidential Address, European Economic Association.

Persson, Torsten, and Guido Tabellini. 1992. "Growth, Distribution, and Politics." *European Economic Review* 36: 593—602.

——1994. "Is Inequality Harmful for Growth?" *American Economic Review* 84: 600—621.

——2003. *The Economic Effects of Constitutions*. Cambridge: MIT Press.

Piketty, Thomas. 1997. "The Dynamics of the Wealth Distribution and the Interest Rate with Credit Rationing." *Review of Economic Studies* 64: 173—189.

Pomeranz, Kenneth. 2000. *The Great Divergence*. Princeton: Princeton University Press.

Przeworski, Adam, Michael E. Alvarez, José Antonio Cheibub, and Fernando Limongi. 2000. *Democracy and Development*. Cambridge: Cambridge University Press.

Psacharopoulos, George. 1994. "Returns to Investment in Education: A Global Update." *World Development* 22: 1325—1343.

Quah, Danny. 2002. "One Third of the World's Growth and Inequality." CEPR Discussion

Paper no. 3316.

Ravallion, Martin, and Shaohua Chen. 1997. "What Can New Survey Date Tell Us about Recent Changes in Distribution and Poverty." *World Bank Economic Review* 11: 357—382.

Rodriguez, Francisco, and Dani Rodrik. 2000. "Trade Policy and Economic Growth: A Skeptic's Guide to the Cross-National Evidence." *NBER Macroeconomic Annual* 2000, vol. 15, 261—325.

Rodrik, Dani. 1999. "Democracies Pay Higher Wages." *Quarterly Journal of Economics* 114: 707—738.

Rodrik, Dani, Arvind Subramanian, and Francesco Trebbi. 2002. "Institutions Rule: The Primacy of Institutions over Geography and Integration in Economic Development." NBER Working Paper no. 9305.

Rogowsi, Ronald. 1989. *Commerce and Coalitions*. Princeton: Princeton University Press.

Romer, Paul M. 1986. "Increasing Returns and Long-Run Growth." *Journal of Political Economy* 94: 1002—1037.

——1990. "Endogenous Technological Change." *Journal of Political Economy* 98: S71—S102.

Rosenberg, Nathan. 1982. *Inside the Black Box*. Cambridge: Cambridge University Press.

Rosenberg, Nathan and L. E. Birdzell, Jr. 1986. *How the West Grew Rich*. New York: Basic Books.

Ruiz-Arranz, Marta. N. d. "Wage Inequality and Information Technology in the U. S. " Harvard University. Photocopy.

Sachs, Jeffrey D. 2001. "Tropical Underdevelopment." NBER Working Paper no. 8119.

Sachs, Jeffrey D. , and Andrew Warner. 1995. "Economic Reform and the Process of Global Integration." *Brookings Papers on Economic Activity*, vol. 1, 1—118.

Sala-i-Martin, Xavier. 2002. "The World Distribution of Income (Estimated from Individual Country Distributions). " NBER Working Paper no. 8933.

Scherer, Frederic M. 1982. "Inter-Industry Technology Flows and Productivity Growth." *Review of Economics and Statistics* 64: 627—634.

Schmidt-Hebbel, Klaus, and Luis Serven. 2000. "Does Income Inequality Raise Aggregate Saving?" *Journal of Development Economics* 61: 417—446.

Schott, Peter K. 2003. "One Size Fits All? Heckscher-Ohlin Specialization in Global Production. " *American Economic Review* 93: 686—708.

参考文献

Schumpeter, Joseph. 1942. *Capitalism, Socialism, and Democracy.* New York: Harper and Row.

Segerstrom, Paul S. 1998. "Endogenous Growth without Scale Effects." *American Economic Review* 88: 1290—1310.

Segerstrom, Paul S., T. C. A. Anant, and Eilas Dinopoulos. 1990. "A Schumpeterian Model of the Product Life Cycle." *American Economic Review* 80: 1077—1092.

Shell, Karl. 1967. "A Model of Inventive Activity and Capital accumulation." In Karl shell, ed., *Essays on the Theory of Optimal Economic Growth*, Cambridge: MIT Press.

Slaughter, Matthew J. 2000. "What Are the Results of Product-Price Studies and What Can We Learn from Their Differences?" In Feenstra, Robert C., ed., *The Effects of International Trade on Wages.* Chicago: University of Chicago Press.

Sokoloff, Kenneth L., and Stanley L. Engerman. 2000. "Institutions Factor Endowments, and Paths of Development in the New World." *Journal of Economic Perspectives* 14: 217—232.

Solow, Robert M. 1956. "A Contribution to the Theory of Economic Growth." *Quarterly Journal of Economics* 70: 65—94.

Solow, Robert M. 1957. "Technical Change and The Aggregate Production Function." *Review of Economics and Statistics* 39: 312—320.

Stolper, Wolfgang F., and Paul A. Samuelson. 1941. "Protection and Real Wages." *Review of Economic Studies* 9: 58—73.

Summers, Robert, and Alan Heston. 1991. "The Penn World Table (Mark 5): An Expanded Set of International Comparisons, 1950—1988." *Quarterly Journal of Economics* 106: 327—368.

Terleckyj, Nester E. 1980. "Direct and Indirect Effects of Industrial Research and Development on the Productivity Growth of Industries." In John W. Kendrick and Beatric N. Vaccara, eds., *New Developments in Productivity Measurement and Analysis.* Chicago: University of Chicago Press.

Trefler, Daniel, and Susan Chun Zhu. 2001. "Ginis in General Equilibrium: Trade, Technology, and Southern Inequality." NBER Working Paper no. 8446.

Uzawa, Hirofumi. 1965. "Optimum Technical Change in an Aggregative Model of Economic Growth." *International Economic Review* 6: 18—31.

Ventura, Jaume. 1997. "Growth and Interdependence." *Quarterly Journal of Economics* 112: 57—84.

von Tunzelmann, Nick G. 1978. *Steam Power and British Industrialization in 1860*. Oxford: Clarendon Press.

Wacziarg, Romain. 2001. "Measuring the Dynamic Gains from Trade." *World Bank Economic Review* 15: 393—429.

Wood, Adrian. 1994. *North-South Trade, Employment, and Inequality: Changing Fortunes in a Skill Driven World*. Oxford: Clarendon Press.

Young, Alwyn. 1992. "A Tale of Two Cities: Factor Accumulation and Technical Change in Hong Kong and Singapore." *NBER Macroeconomic Annual 1992*, vol. 7, 13—54.

——1995. "The Tyranny of Numbers: Confronting the Statistical Realities of the East Asian Growth Experience." *Quarterly Journal of Economics* 110: 641—680.

——1998. "Growth without Scale Effects." *Journal of Political Economy* 106: 61—63.

图书在版编目（CIP）数据

经济增长的秘密/（ ）埃尔赫南·赫尔普曼（Elhanan Helpman）著；王世华，吴筱译. —北京：中国人民大学出版社，2020.4
（当代世界学术名著·经济学系列）
ISBN 978-7-300-27955-8

Ⅰ. ①经… Ⅱ. ①埃…②王…③吴… Ⅲ. 经济增长－研究 Ⅳ. F061.2

中国版本图书馆 CIP 数据核字（2020）第 034646 号

当代世界学术名著·经济学系列
经济增长的秘密
埃尔赫南·赫尔普曼（Elhanan Helpman） 著
王世华 吴 筱 译
何 帆 校

出版发行	中国人民大学出版社			
社 址	北京中关村大街 31 号	**邮政编码**	100080	
电 话	010－62511242（总编室）	010－62511770（质管部）		
	010－82501766（邮购部）	010－62514148（门市部）		
	010－62515195（发行公司）	010－62515275（盗版举报）		
网 址	http://www.crup.com.cn			
经 销	新华书店			
印 刷	涿州市星河印刷有限公司			
规 格	155mm×235mm 16 开本	**版 次**	2020 年 4 月第 1 版	
印 张	11.75 插页 3	**印 次**	2020 年 4 月第 1 次印刷	
字 数	133 000	**定 价**	52.00 元